KB268279

AI 사교육 시대, 격차가 벌어지는 진짜 이유

AI를 부리는 아이들

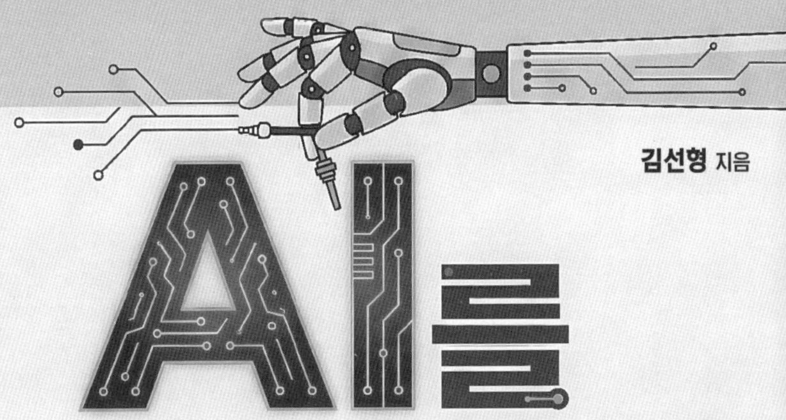

AI를 부리는 아이들

AI 사교육 시대, 격차가 벌어지는 진짜 이유

◆◆◆◆◆ "AI는 도구일 뿐입니다.
◆◆◆◆◆
진짜 능력은 그것을 '부리는' 생각의 힘에 있습니다."

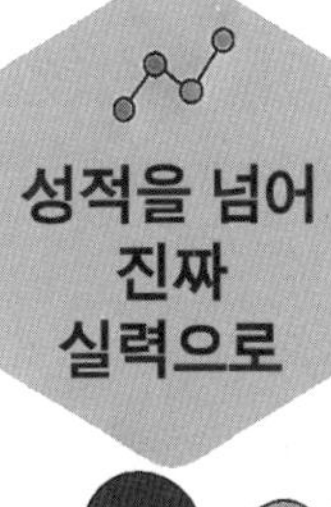

AI 시대의 교육은 '정답'이 아니라 '주도권'의 문제이다

AI는 이미 아이들의 일상 속으로 들어왔다. 숙제를 도와주는 수준을 넘어, 개념을 설명하고 글을 대신 써주며, 문제를 풀어주고, 심지어 진로까지 추천하는 존재가 되었다. 아이들은 더 이상 책상 위에서 혼자 고민하지 않는다. 손만 뻗으면 언제든 천재적인 디지털 조력자가 답을 내어준다. 이것은 분명히 놀라운 변화이며, 동시에 교육의 판을 근본부터 흔드는 사건이다.

많은 부모는 여기서 두려움을 느낀다. 아이가 AI에 의존해 스스로 생각하는 힘을 잃어버릴까 걱정한다. 공부의 과정이 무너지고, 진짜 실력이 증발하고, 결국 '혼자 공부하는 힘'을 갖지 못한 채 어른이 될까 불안해한다. 그래서 반사적으로 기기를 금지하고, 시간을 제한하고, 감시를 강화한다. 그러나 이 방식은 아이의 태도를 바꾸기보다, 아이가 부모의 눈을 피해 더 교묘하게 숨는 방향으로 흐르기 쉽다. 통제는 종종 교육이 아니라 갈등이 된다.

이 책이 말하고 싶은 것은 단순하다. AI를 이길 방법을 찾자는 것이 아니다. AI를 막자는 것도 아니다. AI 시대의 승부는 '지식의 양'으로 결정되지 않는다. 지식은 이미 AI가 인간을 압도하고 있다. 앞으로의 교육은 아이가 얼마나 많은 정보를 아느냐가 아니라, 그 정보를 어떻게 다루고, 어디까지 믿고, 무엇을 의심하며, 어떤 기준으로 선택하는가에 달려 있다. 즉, AI 시대의 교육은 '정답'의 문제가 아니라 '주도권'의 문제이다.

아이에게 가장 중요한 능력은 AI가 내놓은 답을 그대로 받아들이지 않는 힘이다. "AI는 그렇게 말했는데, 너는 어떻게 생각하니?"라는 질문 앞에서 아이는 처음으로 사고를 시작한다. 팩트를 검증하고, 논리의 허점을 찾고, 빠진 관점을 발견하고, 자신만의 결론을 세우는 과정이 열린다. 이 순간부터 AI는 답을 주는 신이 아니라, 해부하고 분석해야 할 텍스트가 된다. 교실은 그 훈련을 가장 밀도 있게 할 수 있는 공간으로 다시 소중해진다. 학교는 지식을 주는 곳에서 진짜 실력을 검증하는 공간으로 역할이 바뀌기 시작한다.

가정 역시 달라져야 한다. 부모가 해야 할 일은 아이의 지식을 대신 관리하는 것이 아니라, 아이의 마음과 태도를 지키는 것이다. AI가 아무리 공감하는 척할 수 있어도 아이의 떨리는 손을 잡아줄 체온은 없다. 실패했을 때 "괜찮다, 다시 시작하면 된다"라고 말해줄 존재는 결국 부모뿐이다. 그래서 이 책은 제안한다. 가족이 함께 '우리 가족 AI 사용 헌법'을 만들라고. 일방적 통보가 아니라 협상을 통해 합의하고, 아이가 스스로 결정에 참여하게 하라고. 그래야 아이는 규칙을 억압이 아니라 자기 선택으로 받아들이게 된다.

AI 시대는 편집의 시대이기도 하다. 정보는 공기처럼 넘쳐난다. 중요한 것은 더 많이 모으는 능력이 아니라, 불필요한 것을 과감히 버리고 핵심을 골라내며 맥락을 연결하는 힘이다. AI는 텍스트를 읽지만, 인간은 맥락을 읽는다. AI는 자료를 제공하지만, 인간은 의미를 만든다. 결국 아이가 가져야 할 경쟁력은 AI를 사용하는 기술이 아니라, AI가 제공한 것을 자신의 언어로 재구성해 삶의 방향으로 바꾸는 능력이다.

이 책은 AI 시대의 공부법을 나열하는 책이 아니며, 더 본질적인 질문을 던지는 책이다. 아이가 AI를 '쓰는 사람'으로 남을 것인지, AI를 '부리는 사람'이 될 것인지. 그리고 부모가 감시자가 될 것인지, 코치가 될 것인지. 결국 이 시대의 교육은 기술이 아니라 관계로 귀결될 것이다. 관계의 뿌리가 튼튼하면, 아이는 어떤 강력한 기술 앞에서도 흔들리지 않는다. 주도권을 잃지 않으며 자신의 삶을 스스로 편집해 나가는 사람으로 성장해 나갈 것이다.

[차례]

1부

강의만 듣고
'공부했다'고
착각하는 아이들

제 1 장

사교육 기술은 진화해도, 상위권의 본질은 변하지 않는다

과외에서 AI 튜터까지,
주도권은 누구에게 있는가

교육 기술은 지난 30년 동안 단순한 도구의 진화를 넘어, 학습의 환경과 주체 자체를 바꾸는 단계에 이르렀다. 부모 세대가 직접 기록하고 요약하며 사고의 근육을 단련했다면, 오늘날의 아이들은 이미 정제된 설명과 정답을 먼저 마주하는 환경에서 학습을 시작한다. 태블릿 속 AI 튜터가 강의를 실시간 자막으로 바꾸고, 핵심 키워드를 추려 주며, 복잡한 개념을 몇 줄로 요약해 제시하는 풍경은 이제 더 이상 낯설지 않다. 그만큼 정보를 습득하는 데 필요한 시간과 에너지가 크게 줄어든 것도 분명한 사실이다..

아이러니하게도 기술이 정교해질수록, 아이가 스스로 정보를 소화하며 고민하는 실질적인 학습 시간은 점점 설 자리를 잃어가고 있을지 모른다. 화면을 바라보는 시간은 늘어났지만, 뇌가 의미를 연결하기 위해 인내하는 과정은 편리한 도구에 의해 상당 부분 대체되고 있다. 압도적인 편리함이 아이가 성장 과정에서 반드시 거쳐야 할 사고의 숙성 시간을 대신하고 있기 때문이다.

모르는 것을 알기 위해 헤매는 탐색의 시간, 흩어진 정보를 자기 논리로 조립하는 구축의 경험이 생략된 채, AI가 도출한 결과만 아이의 머리를 스쳐 지나가는 장면이 반복되고 있다. 우리는 이 현상을 더 깊이 성찰할 필요가 있다. 기술이 조력자를 넘어 학습의 대행자로 자리 잡아 가는 지금, 사교육의 진화 속에서 아이의 학습 주도권이 어디로 이동하고 있는지 차분히 살펴봐야 한다.

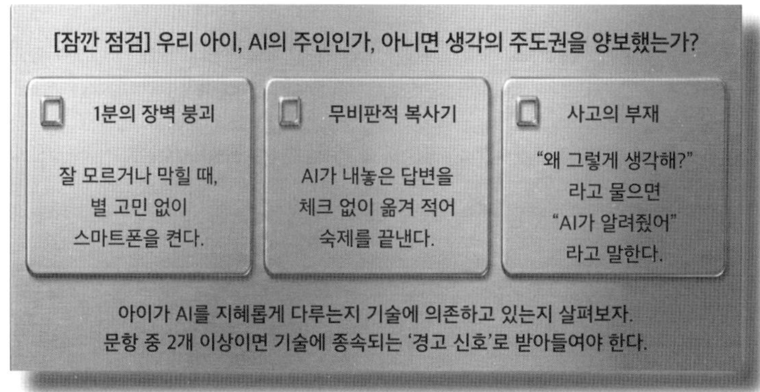

사교육 도구의 진화와 생각의 외주화

대한민국 사교육의 형태는 그 어떤 분야보다도 숨 가쁘게 진화해 왔다. 이 진화는 학생의 편의를 극대화하고 비효율을 제거하는 혁신처럼 보이지만, 그 이면에는 우리가 반드시 성찰해야 할 역설이 자리하고 있다. 기술이 발전할수록 학생이 감당해야 할 인지적 부하, 곧 정보를 처리하기 위한 필수 과정이 점점 줄어들고 있다는 점이다. 도구가 제공하는 편리함이 커질수록 아이의 능동적인 사고의 기회 역시 의도치 않게 제한될 수 있다. 이 흐름을 이해하기 위해 사교육의 변화를 편의상 세 단계로 나누어 살펴보고자 한다.

1단계: 오프라인 학원과 과외 시대(1.0) — 불편함이 빚어낸 몰입

과거의 학습은 물리적 제약을 수반했다. 유명 강사의 수업을 듣기 위해 이동 시간을 감수해야 했고, 좁은 강의실에서 강사와 마주하는 대면의 긴장감도 견뎌야 했다. 그러나 이런 불편함은 오히려 집중을 만들어 냈고, 칠판의 내용을 놓치지 않으려 손을 부지런히 움직이며 필기하는 행위는 단순한 기록에 그치지 않았다. 시각 정보를 운동 감각으로 바꾸어 뇌에 각인시키는 입체적인 학습에 가까웠다. 또한 질문이 생겨도 즉시 해결하기 어려운 환경은 아이에게 기다림의 시간을 남겨 주었다. 아이는 스스로 답을 유추하고, 질문을 더 정교하게 다듬으며 사고를 이어 갔다. 때로는 이러한 불편함 자체가 깊은 사고의 마중물이 되기도 했다.

2단계: 인터넷 강의 시대(2.0) — 능동성에서 관람으로의 전이

초고속 인터넷의 보급과 함께 스타 강사의 강의가 집 안으로 들어오면서 시공간의 제약은 허물어지기 시작했다. 접근성이 높아진 만큼 학습의 능동성이 약화되는 양상도 함께 나타났다. 공부가 '스스로 하는 것'에서 '영상을 보는 것'으로 조금씩 흐릿해지기 시작한 시점이기도 하다. 학생들은 강사의 화려한 설명을 관람하듯 소비하고, 배속 재생 기능을 통해 정보를 빠르게 훑어 나갔다. 뇌가 정보를 충분히 소화할 시간을 확보하지 못한 채, 귀를 스쳐 지나가는 소리를 공부라고 믿게 된 것이다. 이해의 깊이보다 '완강'이라는 수치가 학습의 척도가 되면서 공부의 본질이 가려지기도 했다.

3단계: AI와 에듀테크 시대(3.0) — 편리함이 만든 사고의 공백

지금 우리가 마주하고 있는 단계다. AI 기술은 개인 비서처럼 학생의 취약점을 찾아내고, 최적화된 문제와 즉각적인 풀이를 제공한다. 그러나 완벽에 가까운 친절함은 오히려 학생이 스스로 고민할 틈을 빼앗는 결과로 이어지기도 한다. 과거에는 10분을 고민해야 도달할 수 있었던 해법이 이제는 버튼 하나로 몇 초 만에 제시된다.

학습의 많은 과정이 손가락 끝의 터치로 대체되면서, 학생의 뇌는 정보를 체계적으로 처리하는 사고의 공장이 아니라 정답을 확인하는 검수 창구에 머무를 위험이 있다. 사교육 진화의 핵심은 불편함의 제거에 있다. 그러나 학습의 본질은 모르는 것을 알기 위해 뇌를 쥐어짜고, 신경세포를 연결하는 다소 고통스럽고 정적인 과정 속에 존재한다. 근육이 미세한 파열을 거쳐 단단해지듯, 뇌 역시 적절한 인지적 부하를 견뎌낼 때 비로소 성장한다.

최첨단 AI 기술이 이러한 필수 과정을 대신해 주면서, 아이들에게 '공부하고 있다'는 착각을 심어 주고 있는 것은 아닌지 점검해 볼 필요가 있다. 결국 도구의 지능과 내 머리의 사고력 사이의 간격을 기술로 메우는 아이가 아니라, 스스로의 사유로 그 간격을 채워 나가는 아이가 진정한 성취를 거머쥐게 될 것이다.

편리함이 가져온 치명적인 함정

우리 뇌는 복잡한 문제를 만났을 때 에너지를 소모하며 고민하기보다, 정보를 수동적으로 받아들이거나 더 쉬운 길을 택하려는 경향이 있다. 생존의 관점에서는 효율적인 전략일지 모르지만, 학습의 관점에서는 경계해야 할 신호다. 학습은 뇌에 적절한 부하를 걸어 새로운 회로를 구축하는 고도의 에너지 활동이기 때문이다.

AI 튜터는 이러한 본능적 성향을 가장 효과적으로 충족시키는 도구다. 특히 사고력이 집약적으로 요구되는 수학에서 그 양상이 더욱 뚜렷하게 드러난다. AI 보조 도구가 없던 시절, 아이들은 문제를 풀지 못하면 연습장에 식을 쓰고 지우기를 반복하며 긴 시간 사투를 벌여야 했다. 머리를 싸매는 답답함을 견뎌 내는 이 고민의 시간은 결코 낭비가 아니다. 바로 그 순간 뇌의 시냅스가 정교하게 연결되며 사고력이 확장되는, 진짜 공부의 시간이 만들어진다.

AI 앱을 활용하는 오늘날의 아이들에게는 이러한 결정적 성장의 시간이 충분히 주어지지 않는 경우가 많다. 문제가 조금만 막혀도 고민을 이어 가기보다 해설 영상이나 힌트 버튼을 누르게 된다. 친절한 AI 교사가 화려한 시각 자료와 함께 즉각적인 해답을 알려주기 때문이다. 아이는 완벽한 풀이를 보며 나도 알고 있었던 내용이라는 안도감을 느낀다. 그러나 이는 진정한 이해라기보다 타인의 논리를 눈으로 따라가는 관람에 가깝다. 자신의 사고로 도달한 결과가 아님에도 뇌는 이해했다고 착각하는데, 심리학에서는 이를

'유창성의 착각'이라 부른다.

자녀가 장시간 공부에 몰두하는 모습에 안심하는 학부모도 많다. 그러나 그 시간을 자세히 들여다보면, 아이가 주도적으로 사고에 몰입한 시간은 생각보다 짧을 수 있다. 상당 시간은 AI가 안내하는 대로 화면을 터치하고 페이지를 넘기는 단순 반복만 이어지고 있을지도 모른다. 이는 진정한 의미의 공부라기보다 디지털 환경에서의 수동적 노출에 가깝다.

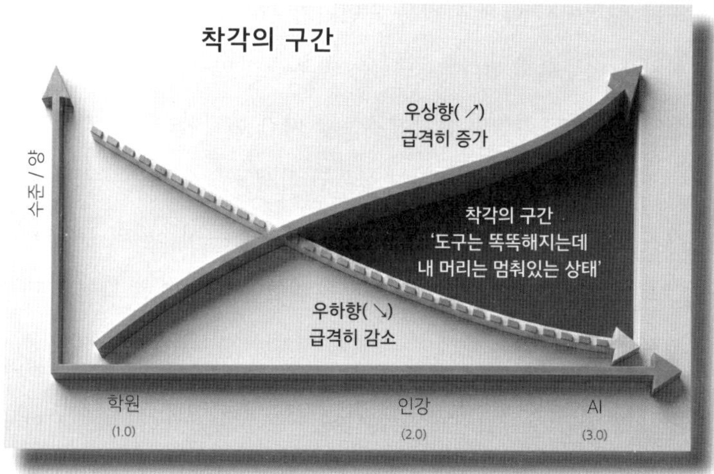

* 기술적 편의성: 학원에서 AI로 갈수록 도구는 비약적으로 편리해진다.
* 필수 사고량: 도구에 의존할수록 아이가 감당해야 할 사고의 깊이는 얕아진다.

상위권중 상당수는 AI를 비서로 쓴다

공부를 잘하는 상위권 학생들은 AI를 멀리하며 아날로그 방식만을 고수할까? 전혀 그렇지 않다. 오히려 그들은 누구보다 적극적이고 빈번하게 AI를 활용한다. 다만 상위권 학생들의 활용 방식과 일반 학생들의 습관 사이에는 결정적인 차이가 있다. 바로 '누가 질문의 주체가 되어 학습의 방향을 이끄는가' 하는 점이다.

대다수 수동적인 학생에게 AI는 학습의 흐름을 사실상 주도하는 존재가 된다. AI가 "당신의 취약점은 도형이니 이 문제를 푸세요"라고 추천하면, 아이는 그 판단을 검토하기보다 그대로 따르게 된다. "오늘의 학습량이 도착했습니다"라는 알림에 맞춰 과제를 시작하는 환경에서 학생은 질문을 던지기보다 주어진 것을 수행하는 위치에 머무르게 된다. 겉으로는 공부하고 있는 것처럼 보이지만, 실제로는 알고리즘이 설계한 경로를 따라 움직이는 수동적인 학생이 되기 쉽다. 반면 능동적인 상위권 학생들에게 AI는 유능하지만 지시를 받아 움직이는 비서에 가깝다. 이들은 시스템의 추천을 기다리지 않는다. 먼저 자신의 약점을 진단하고, 필요한 작업을 구체적으로 요청한다.

"내가 지금 삼각함수 응용 파트에서 실수가 잦으니, 개념 설명은 생략하고 고난도 응용문제만 5개 선별해 줘"라고 요청한다. 혹은 "이 영어 지문을 직접 해석해 봤으니, 내 번역과 너의 번역을 비교해서 내가 놓친 뉘앙스만 정확히 짚어 줘"라고 말한다.

이처럼 질문이 명확할수록 AI는 정확한 보조 역할을 수행하며, 학습의 주도권은 학생에게 남게 된다.

이 작은 차이는 학년이 올라가고 입시가 가까워질수록 기하급수적으로 벌어진다. AI 기술이 정교해질수록 수동적인 학생은 편리함에 더 깊이 의존하게 되지만, 능동적인 학생은 기술의 방대한 데이터와 연산 능력을 도구로 삼아 성장 속도를 더 빠르게 끌어올릴 것이다. 우리가 성적 격차보다 더 경계해야 할 지점은, 결국 실질적인 역량 차이를 만들어내는 '전략의 격차'다.

전원을 껐을 때 무엇이 남는가

많은 부모는 아이의 등 뒤에서 막연한 불안을 느낄 것이다. 태블릿 화면을 응시하는 아이가 정말 내용을 소화하고 있는지, 아니면 디지털 환경을 그저 구경하며 시간을 보내고 있는지 겉으로는 판단하기 어렵기 때문이다. 겉보기에는 AI를 영리하게 활용하는 전략가와 기술에 의존하는 방관자가 쉽게 구별되지 않는다.

이 모호함을 걷어내고 실체를 확인하는 간단하면서도 효과적인 방법이 있다. 디지털 연결을 잠시 끊어내는 '로그아웃 테스트'다. 아이가 "공부 다 했어요"라고 말하는 순간, 기기 전원을 끄고 책을 덮게 한다. 그리고 화려한 영상과 해설이 사라진 정적 속에서 종이 한 장과 펜 하나만 준비한다. 그 다음에 이렇게 묻는다.

"방금 공부한 핵심 내용을 다시 요약해서 설명해 볼래?" 혹은 "방금 풀었던 문제에서 숫자만 바꿔서 다시 풀어보자."

이 순간 아이의 반응은 확연히 달라질 수 있다. 학습의 주도권을 쥔 아이는 화면이 꺼져도 크게 흔들리지 않는다. 잠시 머뭇거릴 수는 있어도, 흰 종이 위에 논리의 흐름을 차분히 적어 내려간다. AI가 보여 준 것처럼 매끄럽지는 않더라도, 머릿속에는 자신만의 언어로 재구성된 사고의 구조가 남아 있기 때문이다.

반면 주도권을 AI에게 넘겨준 아이는 눈에 띄게 당황할 수 있다. "방금은 알았는데 이상하네"라며 말끝을 흐리거나, 핵심을 잡지 못한 채 갈피를 잃는다. 조금 전까지 고개를 끄덕이며 이해했다고 믿었던 내용이 화면이 사라지는 순간 신기루처럼 증발해 버린다. 이는 지식이 아이의 뇌에 저장된 것이 아니라, 화면 속 해설과 AI의 흐름 위에 잠시 얹혀 있었음을 보여 주는 신호다.

공부의 본질은 정보를 입력하는 데만 있지 않다. 내 머릿속에서 소화한 것을 다시 밖으로 꺼내어 재구성하는 출력에 있다. AI는 입력을 돕는 도구일 뿐, 뇌를 대신할 수는 없다. 화면이 꺼지고 전원이 차단된 뒤에도 스스로 재생할 수 없는 지식은 온전한 자기 것이 아니다. 선생님이 떠나고 학습 앱이 종료된 뒤 찾아오는 고독한 시간 속에서, 아이가 스스로의 힘으로 해내는 것만이 진짜 실력이다. AI 시대 교육의 핵심 과제는 더 고도화된 도구를 제공하는 데 있지 않다. 기계가 대신해 주는 편리한 유혹을 이겨 내고, 스스로 생각하려는 의지를 길러 주는 데 있다. 결국 그 고집스러운 태도만이 전원이 꺼진 뒤에도 아이를 지켜 줄 힘이 된다.

문제는 AI가 아니라 아이의 의존성이다

AI 서비스가 본격적으로 등장한 이후 교실 풍경은 눈에 띄게 달라지기 시작했다. 최근 교실에서는 스스로 글을 시작하지 못해 막막해하는 아이들이 늘고 있다는 목소리도 들린다. 아이들은 프롬프트 한 줄이면 그럴듯한 결과물이 즉시 생성되는 환경에서, 왜 굳이 시간을 들여 노력해야 하느냐고 되묻는다.

"번역기 앱을 켜고 카메라만 비춰도 해석이 완성되는데, 왜 단어를 외워야 하냐고 묻곤 합니다."

교육 현장에서 들려오는 이러한 우려 섞인 말들은 학부모와 교사들의 불안을 고스란히 대변한다. 어른들의 시각에서 AI는 사고 과정을 생략하게 만들고, 인지 능력을 약화시키는 원인처럼 보이기 때문이다. 과거 TV를 바보 상자라 부르며 경계했고, 스마트폰을 디지털 헤로인이라 우려했던 것처럼, 이제는 AI를 아이들의 의존성을 심화시키는 위험 요소로 바라보는 분위기도 형성되고 있다.

그러나 이 현상은 공포의 대상이라기보다 이성적인 시각으로 냉정하게 분석할 필요가 있다. AI가 없던 시절의 아이들이 모두 밤을 지새우며 글을 쓰고, 사전을 넘기며 단어를 외웠던 것은 아니다. 인간의 본성은 시대가 바뀌어도 크게 달라지지 않기에, 그 시절에도 참고서를 베껴 숙제를 제출하는 아이가 있었고 온라인 커뮤니티에 대리 수행을 요청하는 사례도 있었다. 도구만 바뀌었을 뿐, 생각의 과정을 회피하려는 욕구는 오래전부터 반복되어 온 습성이다.

문제의 본질은 AI라는 기술 그 자체가 아니라, 기술을 대하는 아이의 내면에 자리한 의존적 태도에 있다. 과거의 도구는 복제하는 과정에서 최소한의 시간과 육체적 노동이라도 요구했지만, AI는 학생이 지닌 의존성을 전례 없이 빠르고 완벽하게 충족시키고 있다. 결국 AI는 아이 안에 존재하던 안일함의 욕구를 새롭게 만들어낸 원인이 아니라, 그것을 폭발적으로 증폭시키는 촉매제에 가깝다. 어쩌면 우리는 문제의 원인을 엉뚱한 곳에서 찾고 있는지도 모른다.

학습된 무기력, 정답 자판기 앞에 선 아이들

심리학자 마틴 셀리그먼이 주창한 '학습된 무기력 이론'은 통제할 수 없는 고통에 반복적으로 노출된 개체가 상황을 개선하려는 의지를 포기하는 현상을 설명한다. "아무리 노력해도 결과는 바뀌지 않는다"는 좌절감이 무기력을 학습시킨다는 원리다.

요즘 교실에서는 이 이론이 새로운 형태로 변주되어 아이들의 학습 태도에 영향을 주고 있다. 과거처럼 "노력해도 안 된다"가 아니라, 오히려 "노력하지 않아도 최상의 결과가 나온다"는 경험이 반복될 때 나타나는 현상을 말한다.

과거의 공부는 '모름'이라는 불편하고 생경한 상태를 견디는 인내의 과정이었다. 풀리지 않는 수학 문제 앞에서 오래 고민하거나, 적절한 단어를 떠올리기 위해 기억의 창고를 뒤적이는 시간은 뇌과학적으로 매우 소중하다. 답이 바로 보이지 않는 그 시간 동안 아이는 사고 전략을 점검하고, 흩어진 정보를 연결하며, 문제 해결의 경로를 스스로 탐색하게 된다. 바로 그 지점에서 학습이 깊어지는 것이다. 그러나 AI는 이러한 기다림을 거의 허락하지 않는다. 궁금한 것을 물어보면 고민할 틈도 없이 즉각적인 정답이 튀어나오고, 기억하거나 유추할 필요가 없는 무마찰 환경에 지속적으로 노출된 아이들의 뇌는 에너지가 많이 드는 사고 활동을 수행할 이유를 점점 잃어간다. 효율을 추구하는 뇌의 본능이 스스로 사고의 기능을 잠재우고 있는 셈이다.

이러한 경험이 반복되면 AI 없이는 무엇도 시작하지 못하는 형태의 의존성 무기력에 빠지기 쉽다. 빈 화면에서 깜빡이는 커서만 보아도 막막함을 느끼는 아이들이 늘어나는 이유다. 스스로 첫 문장을 끄집어낼 힘이 약해진 아이들의 입에서는 "선생님, AI한테 초안 좀 잡아달라고 하면 안 돼요?"라는 말이 자연스럽게 흘러나온다. 무언가를 스스로 시작하는 힘, 즉 학습의 '시동 능력' 자체가 조금씩 약해지고 있는지도 모른다.

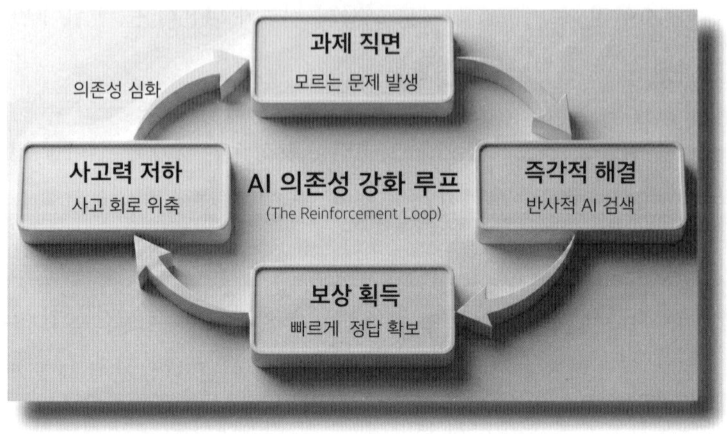

검색 엔진 효과에서 생성형 AI 효과로

현대인의 뇌 구조 변화를 분석한 연구들에서는 흥미로운 결과가 보고된 바 있다. 이른바 '구글 효과(Google effect)'다. 인터넷 검색이 보편화되면서, 온라인에서 쉽게 찾을 수 있는 정보는 굳이 뇌에 저장하지 않으려는 성향이 강화되었다는 뜻이다. 인간의 뇌는 정보의 내용을 직접 기억하기보다, 그 정보가 저장된 경로와 위치를 기억하는 방식으로 적응하기 시작했다.

10여 년이 흐른 지금, 생성형 AI의 등장은 이 구글 효과를 넘어 더 깊은 국면을 만들어내고 있으며, 이제는 정보의 위치조차 기억할 필요가 없게 되었다. 키워드를 입력해 웹사이트를 뒤지고 비교하는 수고조차 없이, 질문 하나만으로 방대한 데이터를 조합한 최종 결과물을 곧바로 받아볼 수 있기 때문이다. 인지과학에서는 이러한 현상을 '인지적 오프로딩'이라 부르는데, 머리를 써서 처리해야 할 인지적 부하를 외부 도구에 맡겨 버리는 현상을 말한다. 전화번호를 외우는 대신 스마트폰에 저장하거나, 복잡한 계산을 계산기에 맡기는 것은 뇌의 자원을 절약하는 효율적인 선택일 수 있다.

문제는 아이들이 단순 정보의 저장을 넘어, 인간의 뇌가 반드시 수행해야 할 사고의 과정까지 오프로딩하고 있다는 점이다. "이 소설의 주제와 시사점을 알려줘"라고 AI에 묻고, 짧은 요약본을 읽은 아이는 자신이 작품을 완벽히 이해했다고 믿기 쉽다. 그렇지만 과정을 생략한 지식은 이해했다는 착각으로 이어지기 쉽다. 텍스트의 숲을 헤치며 행간의 의미를 추론하는 치열함, 인물의 미묘한 감정에 공감하는 능력, 저자의 주장과 논리를 비판적으로 검증하는 사고 훈련이 충분히 이루어지지 않았기 때문이다. 결과만 빠르게 받아들인 지식은 아이의 내면에 깊이 뿌리내리기 어렵다.

핵심 개념이 기억 속에 남지 않으면 응용으로 이어지기 어려운 경우가 많고, 고통스러운 사고의 과정 없이는 통찰도 생기지 않는다. AI라는 무제한의 외장 하드에 세상의 모든 정보를 담아둔다고 해서 개인의 사고력이 자동으로 높아지는 것은 아니다. 내면에서 소화되고 체화되지 않은 지식은 인터넷 연결이 끊기는 순간, 신기루처럼 허무하게 사라질 뿐이다.

영양 불균형을 초래하는 식단처럼 아이들의 사고를 편중시킨다.

의존적인 아이들이 AI를 활용하는 방식은 허기질 때 편의점에서 도시락을 사 먹는 행위와 매우 닮아 있다. 포장을 뜯기만 하면 즉시 먹을 수 있고, 빠르게 배를 채울 수도 있다. 그러나 도시락 안에 어떤 재료가 들어갔는지, 어떤 과정을 거쳐 만들어졌는지 아이는 알기 어렵다. 배가 부르니 다 해결된 것 같지만, 그것은 단지 포만감일 뿐이다. AI가 내놓는 정답 역시 즉각적이고 매끄럽지만, 그것은 지식을 스스로 만들어낸 결과가 아니라 가공된 정보를 빠르게 소비한 것에 가깝다.

반면 상위권 아이들은 AI를 완제품 도시락이 아니라 밀키트의 재료로 대한다. AI가 손질해 제공한 재료를 그대로 삼키지 않고, 스스로 조리 과정을 주도한다. 불을 조절하고, 맛을 보고, 필요하면 재료를 더하거나 덜어내며 자기 생각을 덧붙인다. 이 과정에서 결과물은 단순한 복제가 아니라 자기만의 요리로 다시 태어나게 된다. 주방의 주인은 학생 자신이고, AI는 재료 손질을 돕는 보조 조리사의 역할을 한다.

우려되는 지점은 우리 아이들이 스스로 사고의 요리를 해보는 경험이 점점 부족해지고 있다는 사실이다. 아이들은 태어날 때부터 알고리즘이 추천하는 영상에 노출되고, 정해진 스케줄을 따라 움직이며, 누군가가 요약해 준 정보만 받아들이는 환경에 익숙해져 가고 있다. 거친 재료를 직접 씹어 보고, 낯선 맛을 판단하고, 의심하고, 골라내는 탐색의 경험이 줄어들수록 AI는 성장을 돕는 도구가 아니라 사고를 제한하는 장치가 될 수도 있다. 결과물을 그대로 받아들이는 습관이 강해지기 때문이다.

할루시네이션, 즉 AI가 그럴듯한 오답을 내놓는 현상이 대두될 때마다 전문가들은 "사용자의 팩트 체크 능력이 중요하다"고 말한다. 그러나 의존적인 태도를 지닌 아이들에게 이 조언은 현실적인 해법이 되기 어렵다. 정보를 검증할 의지도, 판단할 기준도, 심지어 오류의 가능성을 의심하는 감각조차 약해졌기 때문이다. AI가 "이순신 장군은 거북선을 만든 뒤 조선 최초의 잠수함까지 개발했다"라고 답하면, 일부 아이들은 "내가 몰랐던 사실이었구나"라며 감탄한 뒤 이를 그대로 답안지에 옮겨 적을 것이다. 스스로 사고하지 않는 뇌는 AI의 오류를 걸러낼 여과 장치가 제대로 작동하지 않는 상태와 비슷하다고 볼 수 있다.

질문의 힘을 잃으면 기술의 속도에 끌려가기 쉬워진다

모든 논의의 종착지는 도구의 성능이 아니라 그것을 다루는 사용자의 태도에 달려 있다. 학습의 주도권을 놓친 채 압도적인 편리함에 익숙해지는 순간, 주객은 전도되기 시작한다. 결과물의 진위를 검수할 능력도, 맥락을 판단할 안목도 부족한 상태에서는 더 이상 주인의 자리를 지키기 어렵다. 알고리즘이 설계한 경로를 따라 버튼을 누르고, 도출된 결론을 그대로 받아들이는 수행자로 머무르게 될 위험이 커진다. 지금 우리 아이가 어느 위치에 서 있는지 점검해 볼 필요가 있다.

다가올 입시 환경과 치열한 사회에서의 경쟁력은 AI가 순식간에 답을 내놓는 영역에서 확보되지 않으며, 진정한 차별화는 AI가 침묵하는 지점, 곧 정해진 답이 없는 곳에서 시작될 것이다. 정곡을 찌르는 질문을 던지는 역량, 텍스트 이면의 맥락을 읽어내는 통찰력, 남들이 외면한 사고의 고통을 기꺼이 감내하는 힘이 핵심이다. 오히려 모두가 피하려 하는 그 고통의 총량이 아이의 대체 불가능한 경쟁력이 될 것이다.

부모가 지향해야 할 방향은 단순한 접속 차단이나 기기 금지에 머물러서는 안 된다. 도구를 빼앗는 것만으로는 아이의 무기력과 의존성을 해소하기 어렵다. 아이가 스마트폰을 켜고 AI 앱을 실행하는 순간, 곁에서 질문의 프레임을 바꿔 주는 개입이 필요하다. "답이 뭐니?"라는 결과 중심의 질문을 잠시 멈추고, "AI는 그렇게 말했는데 너는 어떻게 생각하니?" 혹은 "그 근거가 정말 타당하다고 느껴지니?"라고 묻는 방식이다. 아이의 사고를 잠시 멈추게 했다가 다시 작동시키는 이러한 질문들이야말로, 의존의 늪에서 아이를 건져 올리는 가장 현실적인 열쇠가 될 것이다.

전략가는
설계하는 사람이다

"우리 아이는 하루 종일 책상 앞에 앉아 있습니다. 학교가 끝나면 곧장 자리에 앉고 밤늦게까지 학원 과제에 몰입하곤 합니다. 성실함만큼은 뒤지지 않는데, 성적은 왜 제자리걸음일까요?"

입시 상담 현장에서 반복적으로 마주하는 부모들의 안타까운 하소연이다. 자녀의 성실함을 믿는 마음은 귀하다. 그러나 방향 없는 노력은 때로 성장의 발목을 잡기도 한다. "노력은 배신하지 않는다"는 말도 이제는 조금 다르게 읽혀야 할 것 같다. 전략이 뒷받침되지 않은 노력은 과거처럼 기대한 만큼의 성과를 보장하지 못하는 시대가 되었기 때문이다.

실제로 책상 앞을 지키는 시간이 길어도 성취도가 낮은 사례는 흔하다. 이런 학생은 하루 10시간을 앉아 있어도, 뇌가 치열하게 깨어 있는 시간은 1시간 남짓일 가능성이 크다. 반대로 충분히 쉬면서도 최상위권을 유지하는 아이들도 있다. 과거에는 이를 타고난

지능의 차이로 돌리며 개인의 한계로 치부하곤 했다.

AI 시대에 결정적 차이는 선천적인 지능보다 후천적인 전략에서 나타날 가능성이 높다. 상위권 학생들은 한정된 에너지를 어디에 집중하고 어디에서 아낄지 계산한다. 무조건적인 성실함에 의존하기보다, 최소한의 시간으로 최대의 효율을 끌어낼 방법을 끊임없이 고민한다. 결국 승패를 가르는 것은 얼마나 오래 했는가가 아니라, 공부의 구조를 스스로 통제할 수 있는가에 달려 있다.

이제 우등생의 정의도 새롭게 정립할 필요가 있다. 과거의 우등생이 지식을 뇌 속에 빼곡히 저장하는 거대한 창고였다면, AI 시대의 우등생은 필요한 자재를 어디서 조달해 어떻게 배치하고 운용할지 결정하는 건축가에 가깝다. 정보의 단순 축적은 이미 기계가 인간보다 압도적으로 빠르고 정확하게 수행한다. 인간이 지향해야 할 역할은 지식을 쌓아두는 관리자가 아니라, 그 자재를 활용해 자신만의 집을 짓는 설계자가 되는 데 있다.

양 중심의 시대는 가고 밀도의 승부가 시작된다

과거에는 정보 자체가 곧 권력이었다. 교과서와 두꺼운 참고서에 담긴 지식을 누가 더 많이, 더 정확하게 머릿속에 옮겨 담느냐가 승패를 갈랐다. 이 시기에는 물리적인 공부 시간이 성과로 이어지곤 했고, 시간을 밀어 넣고 문제를 많이 풀며 반복을 견디는 방식이 입시의 정석처럼 통용되었다. 양이 결국 질로 전환되던 시대

였기 때문이다.

 지금은 정보의 결핍이 아니라 과잉을 고민해야 하는 시대다. AI에게 질문 하나만 던져도 순식간에 정제된 정보가 폭포수처럼 쏟아진다. 이런 환경에서 과거처럼 모든 지식을 머릿속에 저장하려는 시도는 효율이 낮을 뿐 아니라, 뇌를 과도하게 소모하는 전략이 될 수도 있다. 인간의 기억과 처리 속도는 기술의 발전을 따라갈 수 없기에 기존의 학습 문법만으로는 경쟁력을 갖추기 어렵다. 바로 이 지점에서 전략의 중요성이 드러난다. 전략이란 본래 한정된 자원을 목표의 핵심 지점에 집중 투입해 효율을 극대화하는 기술인데, 공부도 다르지 않다. 아이에게 주어진 시간과 하루 동안 사용할 수 있는 집중력의 총량은 제한되어 있다. 이 희소한 자원을 전 범위에 무차별적으로 분산하기보다, 확실히 모르는 부분과 중요도가 높은 영역이 겹치는 좁은 표적에 집중해야 한다.

 AI 시대가 가까워질수록 학생들은 다 풀어본 문제집을 다시 푸는 것보다, 무엇을 선택하고 무엇을 과감히 건너뛸지를 냉정하게 판단해야 할 것이다. 불안함 때문에 습관적으로 듣던 불필요한 강의나 이미 완벽히 이해한 문제 풀이 과정은 과감히 생략해야 한다. 그렇게 확보된 시간과 에너지를 오직 자신의 치명적인 약점에 투입하는 태도가 필요하다. 이것이 공부의 밀도를 높이는 설계 능력이다. 이제 승부는 긴 노력의 시간만이 아니라, 집중적인 몰입이 얼마나 순도 높게 축적되는가에 달려 있다.

AI를 조력자로 부리는 공부의 경영자가 되어야 한다

공부를 대하는 태도는 기업 경영의 관점으로도 설명할 수 있다. 교실 안에는 크게 '근로자형'과 '경영자형'이라는 두 가지 유형이 존재하는데, 같은 시간을 투입하더라도 이들이 만들어내는 결과의 가치는 놀라울 정도로 다르게 나타난다.

근로자형 학생은 주어진 목표를 성실히 수행하는 사람이다. 학원이나 부모가 정해준 할당량을 채우는 것이 곧 공부의 목적이 된다. 왜 이 문제를 푸는지, 이 강의를 듣는 시간이 실력 향상에 얼마나 도움이 되는지까지는 깊이 따지지 않는다. "오늘 해야 할 분량을 끝냈다"는 사실이 가장 중요한 성취로 남는다. 이들에게 AI는 번거로운 일을 대신 처리해 주는 편리한 도구이며, AI가 정답을 보여주면 "아, 그렇구나" 하고 넘어가며 사고의 문을 닫아버리기 쉽다.

반면 경영자형 학생은 공부를 성장의 관점에서 바라본다. 이들의 목표는 단순한 과제 완료가 아니라 실력 향상이라는 결과를 만들어내는 데 있다. 학원 강의나 AI 기술은 목표를 달성하기 위해 고용한 외부 파트너에 가깝다. 이들은 기술을 많이 쓰느냐 적게 쓰느냐보다, 기술을 어떻게 다루느냐에 집중한다. AI의 추천을 기다리지 않고 먼저 질문을 던지고, 결과물을 검수하며, 필요하면 다시 요청하거나 스스로 수정한다. 학습의 운전대를 끝까지 자기 손에 쥐고 있는 셈이다.

이 차이는 취약점을 보완하는 과정에서 특히 뚜렷하게 드러난다. 근로자형 학생은 AI 학습 앱이 제안하는 경로를 그대로 따르는 경우가 많다. 이미 알고 있는 내용이 포함되어 있어도 시스템이 정해준 코스를 완주하며 "열심히 했다"는 위안을 얻는다. 노력은 많지만 방향은 모호한 방식이다. 반면 경영자형 학생은 먼저 자신의 상태를 점검한 뒤, AI에게 필요한 부분만 딱 집어 요구한다.

"나 지금 삼각함수는 개념은 아는데, 응용 들어가면 자꾸 틀려. 어려운 문제 몇 개만 골라줘. 대신 너무 계산만 복잡한 건 빼줘."

이런 요청은 완벽하게 전문적일 필요가 없다. 중요한 것은 내가 무엇이 약한지와 지금 무엇이 필요한지를 스스로 알고 있다는 점인데, AI는 사용자의 의도가 분명할수록 강력한 조력자가 된다.

두 유형의 학습 밀도는 시간이 흐를수록 크게 벌어질 것이다. 한쪽이 아는 문제를 반복하며 에너지를 소모할 때, 다른 한쪽은 취약한 지점만을 정밀하게 공략하는 고농축 훈련을 수행한다. AI는 누구에게나 비슷한 성능으로 제공되지만, 그것을 어떻게 '부리느냐'에 따라 결과는 완전히 달라진다.

이제 우리는 아이의 위치가 어디인지 냉정하게 살펴볼 필요가 있다. 지향해야 할 목표는 성실한 수행자에 머무르는 것이 아니라 전략적인 설계자로 성장하는 데 있다. 공부 시간을 늘리거나 학습량을 추가하는 방식만으로는 성장에 한계가 있다. 아이가 스스로 학습을 설계하고 통제하는 경영자적 관점을 갖추도록 돕는 것이 AI 시대에 가장 현실적이고 강력한 교육 방향이다.

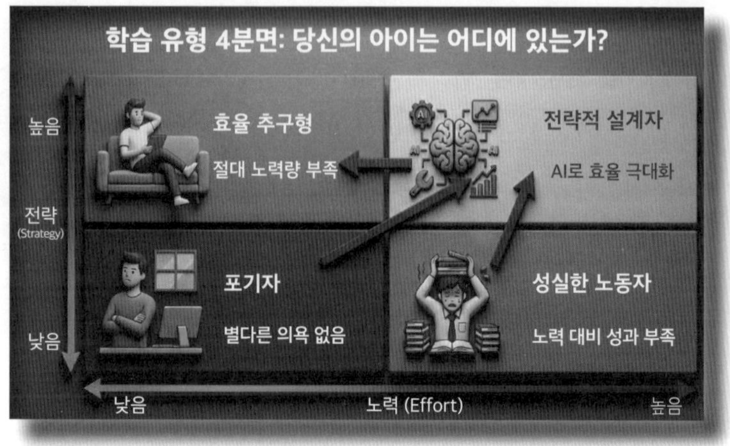

설계의 전제 조건인 메타인지

목표만을 위해 달려가는 실행자의 틀을 깨고, 스스로 학습의 판을 짜는 설계자가 되기 위해 무엇이 필요할까? 핵심은 오랫동안 교육 현장에서 강조되어 온 메타인지에 있다. 메타인지는 단순히 암기력이 뛰어난 상태를 의미하지 않는다. 내가 무엇을 확실히 알고 무엇을 모르고 있는지, 그리고 어디에서 흔들리는지를 객관적으로 점검하는 자기 성찰 능력이다. 기업의 자원 현황을 파악하지 못하는 경영자가 올바른 전략을 세울 수 없듯, 학생의 학습도 메타인지 없이 설계되기는 어렵다.

과거 아날로그 시대에는 메타인지를 발달시키기 위해 물리적인 노력이 필요했다. 틀린 문제를 직접 오려 붙이고, 오답의 원인을 하나씩 분석하며, 스스로 부족한 지점을 찾아내는 고된 과정을 거쳐야 했다. 때로는 전문가를 찾아가 진단받기 위해 기다림도 감수해야 했다. 그러나 지금은 AI라는 강력하고 즉각적인 보조 도구가 손안에 들어와 있다.

능동적인 아이들은 AI를 정답 자판기가 아니라 자신을 비추는 거울로 활용한다. 정답을 요구하는 대신 자신의 사고 과정을 보여주고, 어디에서 논리가 무너졌는지 평가를 요청한다.

"내가 쓴 글이 좀 어색한데, 논리가 튀는 부분이 어디인지 찾아줘. 그리고 왜 어색한지도 같이 설명해 줘." 혹은 "이 문제를 이렇게 풀었는데, 내가 처음부터 잘못 생각한 부분이 있는지 봐줘."

이처럼 아이들은 AI라는 객관적인 거울에 자신의 지식 상태를 비춰 보며 부족한 부분을 확인하고 바로 그 지점에서 '무엇을 보완해야 하는지'라는 학습 설계를 시작한다.

반면 전략적 접근이 부족한 아이들은 AI를 거울이 아니라 가림막처럼 사용한다. 자신이 모르는 부분을 AI가 제공해 준 매끄러운 해답으로 덮어버린 채, 마치 이해한 것처럼 착각하는 방식이다. 거울을 마주하는 아이는 성장하지만, 가림막 뒤에 숨는 아이는 성취의 기회를 놓치기 쉽다.

학습을 설계하는 능력은 거창한 계획표에서만 생기는 것이 아니며, 일상의 작은 대화에서부터 싹트기 시작한다. 초등학교 시절부터 반복되어 온 "오늘 숙제는 다 했니?" 같은 관리자형 질문은 가급적 줄여나갈 필요가 있다.

"오늘 공부한 내용 중에서 설명하기 어려웠던 건 뭐였니?" "내일은 그 부분을 어떻게 보완할 생각이니?"

이처럼 스스로 점검하고 계획하게 만드는 경영자형 질문이 더 효과적이다. 이러한 질문 속에서 성장한 아이는 자신을 수동적인 수행자가 아니라 학습의 지도를 직접 그리는 주체로 인식하게 된다.

지식을 빼곡히 채워 넣은 백과사전형 인재는 더 이상 시대의 요구를 충족하기 어려워질 것이다. 필요한 정보는 이미 주머니 속 기술이 언제든 제공할 준비를 마쳤다. 이제 세상이 원하는 인재는 방대한 정보 속에서 자신에게 필요한 지점을 선별하고, 그것을 바탕으로 새로운 길을 설계할 수 있는 사람이다. 결국 AI 시대의 경쟁력은 얼마나 많이 아느냐가 아니라, 내가 무엇을 알고 무엇을 모르는지 정확히 아는 힘에서 시작된다.

스스로 커리큘럼을 짜는 아이들

지난 수십 년간 학교와 학원을 축으로 형성된 교육 시스템은 공급자 중심의 일방통행 도로와 같았다. 교사는 정해진 진도표에 맞춰 지식을 전달하고, 학생은 이를 수동적으로 받아들이는 역할을 맡았다. 이 체계에서 우등생의 정의는 비교적 명확했다. 전달받은 내용을 성실하게 습득하고, 정해진 답을 빠르게 재현하는 학생이 모범생으로 평가받던 시기였다.

AI 시대의 도래는 이러한 '성실한 수용자'라는 자리를 위험한 위치로 바꾸어 놓고 있다. 지식을 습득하고 정리하며 기억하는 소비의 영역은 이제 기계가 인간보다 더 빠르고 더 정교하게 수행한다. 방대한 자료를 요약하거나 흩어진 정보를 분류해 도표로 시각화하는 작업도 더 이상 인간만의 경쟁력이 아니며, 기술의 기본 기능으로 빠르게 자리 잡아가고 있다.

그렇다면 인간이 기술을 넘어설 수 있는 지점은 어디에 있을까?

답은 지식의 소비가 아니라 지식의 재조립, 즉 생산의 영역에 있다. 여기서 말하는 생산은 세상을 놀라게 할 거창한 발명만을 의미하지 않는다. 학습에 임하는 태도 자체의 근본적인 전환을 뜻한다. 다시 말해, 타인이 만들어 둔 문제를 푸는 단계에 머무르지 않고 자신에게 필요한 과제를 스스로 설정하며, 학습 경로를 설계하는 기획자로 변모해야 한다는 의미다. 정답을 찾아내는 학생에서 본질적인 질문을 던지는 주체로 거듭나야 할 시점이다.

실제로 스스로 커리큘럼을 짜는 아이들은 공부를 시작하는 방식부터 다르다. 이들은 무작정 문제집을 펼치기보다 먼저 자신의 상태를 점검한다. 내가 지금 무엇을 알고 무엇을 모르는지를 확인하고, 그 결과를 바탕으로 오늘의 학습 목표를 명확하게 설정한다.

또한 학습의 순서도 남이 정해준 흐름에 맡기지 않는다. 약한 단원을 앞당겨 배치하거나, 자주 틀리는 유형을 따로 모아 반복하며, 불필요한 강의나 이미 아는 내용은 과감히 건너뛴다. 공부의 양을 늘리는 대신, 공부의 밀도를 조정하는 것이다.

더 중요한 차이는 질문을 다루는 태도에서 드러난다. 이들은 AI에게 내 풀이가 어디서부터 흔들리는지를 묻고, 내 설명이 논리적으로 타당한지를 검증받는다. 즉, AI를 정답 자판기가 아니라 자신의 사고를 점검하는 도구로 사용하는 것이다. 그 결과 공부는 더 이상 주어진 숙제를 처리하는 노동이 아니라, 자신의 약점을 설계하고 개선하는 훈련으로 바뀐다. 결국 AI 시대의 상위권을 결정하는 기준은 누가 더 오래 앉아 있었는가가 아니라, 누가 더 정확하게 학습의 방향을 설계했는가에 달려 있다. 스스로 커리큘럼을 짜는 아이는 기술에 끌려가지 않는다. 오히려 기술을 자신의 손아귀에 쥐고, 필요한 만큼만 활용하며, 자신만의 성장 경로를 만들어 나갈 것이다.

듣는 공부보다 가르치는 공부가 더 오래 남는다

교육 현장에서는 오래전부터 '학습 방식에 따라 기억의 지속성이 달라진다'는 관찰이 반복되어 왔다. 강의를 듣는 방식처럼 수동적으로 정보를 받아들이는 학습은 시간이 지나면 빠르게 휘발되기 쉽지만, 직접 설명해 보거나 글로 정리하고, 누군가에게 가르치듯 재구성하는 학습은 훨씬 오랫동안 기억에 남는 경향이 있다. 이는 공부의 핵심이 단순한 입력이 아니라, 지식을 다시 조립해 밖으로 꺼내는 출력 과정에 있다는 사실을 시사한다.

과거의 교육 환경에서는 학생이 지식 생산자로 거듭나기까지 현실적 제약이 컸다. 스스로 시험 문제를 설계하거나 수준에 맞는 교재를 제작하는 일은 전문가 수준의 역량과 많은 시간이 필요했기 때문이다. 결국 학생의 생산 활동은 오답 노트를 정리하거나 문제집을 반복하는 수준에 머무를 수밖에 없었다. 그러나 생성형 AI의 등장은 이 견고한 진입 장벽을 단숨에 낮춰 놓았고, 이제 초등학생도 의지만 있다면 자신에게 필요한 학습 자료를 빠르게 제작할 수 있는 환경이 열린 것이다. 아이는 AI에게 이렇게 요청할 수 있다.

"이 영어 지문에서 내가 자주 틀리는 가정법 과거완료를 중심으로 빈칸 문제를 만들어줘. 보기 5개짜리 객관식으로 해주고, 정답과 해설도 함께 줘."

이런 방식의 학습은 아이를 단순히 문제를 푸는 소비자에서, 과제를 설계하고 검증하는 출제자이자 편집자로 끌어올린다. AI가 이끄는 학습 혁명의 본질도 바로 여기에 있다. 기술이 답을 대신해주는 것이 아니라, 아이가 더 높은 수준의 사고를 만들어내는 위치로 올라서게 만든다는 점이다. 따라서 우리 아이가 지금 어느 단계에 머물러 있는지 세심하게 살필 필요가 있다. 설명하고 구성하고 출제하는 단계로 올라설수록 아이는 AI를 주도적으로 다루는 힘을 갖추게 된다. 아이를 수동적인 수용자가 아닌 능동적인 생산자로 이끌어야 하는 이유가 여기에 있다.

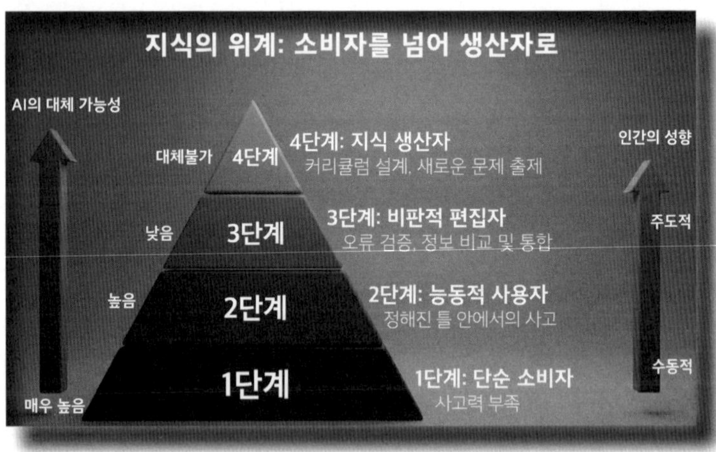

나만의 커리큘럼으로 시작하는 맞춤 교육

대한민국의 학원 교육은 대체로 기성복과 같은 시스템을 따른다. 기성복이 표준화된 사이즈로 대량 생산되듯, 대부분의 학원 역시 많은 아이에게 동일한 교재와 같은 진도표를 제공한다. 이러한 구조는 겉보기에는 효율적이지만, '평균의 함정'이라는 근본적인 한계를 품고 있다.

이차방정식을 이미 완벽히 이해한 학생도 학원 진도에 묶여 있다면 한 시간의 수업을 그대로 견뎌야 한다. 반대로 기초가 부족한 상태에서 진도가 삼차방정식으로 넘어가면 무리하게 뒤를 쫓을 수밖에 없다. 전자는 학습 효율을 떨어뜨리고, 후자는 학습 결손을 만든다. 맞지 않는 옷을 입고 뛰는 듯한 비효율이 누적되면 아이는 결국 공부 자체에 대한 의욕을 잃기 쉽다.

최상위권의 아이들은 AI라는 도구를 활용해 이 표준화된 과정을 자신의 필요에 맞게 재구성한다. 이들은 정해진 진도표를 그대로 따라가기보다 자신의 강점과 약점을 먼저 점검하며, 그 결과를 바탕으로 학습의 순서와 밀도를 스스로 조정한다. 다시 말해 단순한 수강생이 아니라 교육 기획자로 전환되는 것이다.

중학교 3학년 학생 A의 역사 공부 사례를 살펴보자. 대부분의 학생이 시험 기간에 교과서를 처음부터 끝까지 기계적으로 읽어 내려갈 때, A는 AI에게 자신의 상태를 전제로 한 구체적인 요청을 먼저 던진다.

"이번 기말고사 범위가 조선 후기인데 붕당 정치 흐름은 이해되는데, 대동법이나 신분제 변화처럼 경제·사회 파트는 인과관계가 잘 정리되지 않아. 조선 후기 경제·사회 변화를 중심으로 3일짜리 집중 학습 계획을 짜 주고, 매일 학습이 끝날 때 확인할 서술형 질문도 3개씩 만들어 줘."

이 요청이 입력되는 순간 A에게는 세상에 단 하나뿐인 맞춤형 커리큘럼이 생성된다. 오직 자신의 취약점만을 겨냥해 학습의 순서와 반복을 설계한 초정밀 계획이다. 이는 물리적 한계 때문에 학원이나 과외만으로는 구현하기 어려웠던 수준의 개인화 학습을 현실로 만들어 준다.

이것이 진정한 의미의 지식 생산자로서의 학습이다. 주어진 교육 과정을 단순히 소비하는 데서 멈추지 않고, 자신의 부족함을 채우기 위해 필요한 과정을 스스로 설계하며 그 학습의 구조를 직접 만들어 내는 단계로 올라서는 것이다.

이 문제는 왜 나왔을까? 출제자의 시각을 갖는 연습

학습의 본질에 가까워질수록 정답을 맞히는 기술보다, 출제자의 의도를 파악하는 안목이 필요하다. 문제를 푸는 사람의 시선은 대체로 수동적인데, 주어진 조건 안에서 답을 찾는 데 집중하기 때문이다. 하지만 이 관점만으로는 문항 이면에 숨겨진 설계 원리와 함정을 깊이 있게 파악하기 어렵다.

반대로 입장을 바꾸어 스스로 문제를 설계하는 주체가 되어 보면, 문항 속에 의도적으로 배치된 핵심 개념과 변별 장치가 어느 정도 보이기 시작한다. 문제는 우연히 만들어지지 않으며, 출제자는 반드시 특정 능력을 측정하기 위해 문항을 설계한다. 그 의도를 거꾸로 추적할 때 학습의 방향도 정교해지게 된다.

과거에는 학생이 출제자의 위치에 서는 일이 쉽지 않았다. 문항을 만드는 과정 자체가 전문가의 영역이었고, 시간과 훈련이 필요했기 때문이다. 그러나 이제는 AI가 학생을 모의 출제위원으로 이끌어 주는 파트너가 될 수 있다. 특정 단원을 학습한 직후 아이는 AI에게 다음과 같이 요청하며 주도적인 학습을 실천할 수 있다.

"이 단원에서 시험에 자주 나오는 핵심 개념을 세 가지로 뽑아 볼래? 그리고 그 개념을 활용해서 변별력 있는 객관식 문제를 하나 만들어 줘."

학습은 여기서 멈추지 않는다. 아이는 AI가 만든 문항을 다시 검토하며, 출제자의 관점으로 피드백을 주고받는다.

"이 문제는 너무 지엽적인 암기 위주인 것 같아. 이 단원에서 중요한 것은 사건의 연도가 아니라, 사건이 사회에 어떤 변화를 만들었는지야. 인과관계를 묻는 방식으로 다시 만들어 줘."

이러한 검토 과정에서 아이의 사고력은 한층 깊어진다. 단순히 내용을 외우는 단계에 머물지 않고, 무엇이 핵심이고 무엇이 주변인지 구분하는 판단력이 생기기 때문이다. 또한 단편적인 정보가 아니라 전체 맥락 속에서 개념이 어떻게 연결되는지 구조적으로 이해하게 된다.

문제를 푸는 학생이 미로 안에서 길을 찾는 사람이라면, 문제를 설계하는 학생은 미로 위에서 전체 지형을 내려다보는 사람이다. 이 시각의 차이는 학년이 올라갈수록 압도적인 성취 격차로 이어질 수 있다. 결국 상위권을 가르는 기준은 더 많은 문제를 푸는 것이 아니라, 문제의 의도를 읽고 학습의 방향을 스스로 설계할 수 있는가에 달려 있다.

AI 시대, 무엇을 배웠는가보다 무엇을 만드는가가 중요하다

이 책을 펼친 학부모와 교육자에게 먼저 한 가지 질문을 던지고자 한다. 우리 아이는 지금 교실과 학원이라는 공간에서 어떤 태도로 공부하고 있는가? 정해진 경로를 무비판적으로 따라가는 수동적인 학생에 머물러 있는지, 아니면 스스로 학습을 설계하며 질문으로 지식의 본질을 파고드는 주체로 서 있는지 점검해 볼 필요가 있다. AI라는 거대한 변화의 물결 속에서 아이가 흐름에 휩쓸리게 될지, 아니면 그 흐름을 타고 성장할지는 결국 지금의 태도에서 결정될 것이다.

시대가 요구하는 인재상의 기준은 이미 바뀌고 있다. 단순히 시험 문제의 정답을 빠르게 찾아내는 능력은 과거만큼 높은 평가를 받기 어려울 수 있다. 정해진 해답을 도출하는 속도와 정확도에서 이제 인간이 기술을 이기기는 사실상 불가능에 가깝기 때문이다. 앞으로 진정한 실력은 정답을 찾는 능력이 아니라, 최적의 결과를 얻기 위해 질문을 정교하게 설계하는 역량에서 비롯될 것이며, 흩어진 지식을 재료 삼아 자기만의 통찰과 결과물을 만들어내는 생산력에서 결정될 것이다. 다시 말해 지식의 단순 축적보다 새로운 가치를 창출하는 능력이 더 중요한 시대가 된 것이다.

교육 현장의 기술이 아무리 화려하게 진화하더라도 학습의 본질은 변하지 않는다. 공부는 지식을 일방적으로 수용하는 행위가 아니라, 스스로 생각하고 판단하며 행동의 변화를 이끌어내는 과정이기 때문이다. 아이를 단순한 지식 소비자에 머물게 하지 않고 능동적인 지식 생산자로 성장시키는 것, 이것이 AI 시대 상위권을 가르는 핵심 기준이 될 것이다.

제 2 장

학습의 단위가 문제집에서 개인의 데이터로 전환된다

속도보다 본질을 파고드는 몰입이 중요하다

지난 수십 년간 대한민국 입시 현장을 관통해 온 핵심 원칙은 빠르고 정확한 문제 풀이였다. 정해진 시간 안에 남들보다 많은 문항을 실수 없이 해결해야 하는 평가 시스템에서 속도는 곧 실력이었고 점수였다. 교육 현장 곳곳에서 학생의 책상 위에 스톱워치가 놓여 있는 장면은 지금도 낯설지 않다. 초 단위로 시간을 재며 사고의 시간을 단축하고, 반사적으로 정답을 도출하는 방식에 집중하는 훈련이 반복되어 왔기 때문이다.

생성형 AI의 본격적인 도래는 속도의 가치를 근본적으로 흔들고 있다. 인간이 연산과 정보 처리 속도에서 AI와 경쟁하는 데는 물리적인 한계가 분명하다. 숙련된 학생이 오랜 시간 고민하며 독해해야 하는 복잡한 자료도 AI는 찰나에 번역하고 요약한다. 난해한 방정식 풀이 과정 역시 명령어 한 번이면 완성도 높은 답안으로 정리된다. 시험에서 속도는 여전히 중요하지만, AI가 속도의 상당 부분을 대체하는 환경에서는 장기적인 차별점이 점차 깊이와 설명, 검중의 영역으로 이동하고 있다.

이제 학습의 규칙은 새로운 국면에 접어들었다. 인간의 경쟁력은 답을 찾아내는 속도에만 머물지 않는다. 정답이 도출된 이후의 과정, 혹은 정답이 쉽게 보이지 않는 막막한 지점에서 얼마나 깊고 끈질기게 파고드는지가 더 중요한 평가 기준이 될 것이다. AI가 순식간에 내놓은 결과물을 무비판적으로 수용하지 않고, 의심하며 해체하고, 다시 질문을 던져 자신의 논리로 소화해 내는 태도가 필요하다. 이러한 깊이 있는 몰입이야말로 속도의 시대에 기술이 쉽게 모방할 수 없는 인간 지성의 고유한 가치가 될 것이다.

훑어보는 학습은 깊은 자취를 남기지 못한다

방학 시즌이 되면 많은 학생과 학부모는 문제집을 끝내는 일에 몰입하곤 한다. "이번 겨울방학에 수학 문제집 세 권을 완독했다", "영어 기출문제 5개년 치를 모두 풀었다" 같은 말이 아직도 성취의 척도로 통용되고 있다. 그러나 이러한 외적 성취의 이면을 들여다보면 학습의 실질적 밀도는 기대에 미치지 못하는 경우가 많다. 조금이라도 막히는 문제는 해설지를 참고하며 안다고 착각한 채 넘어가고, 익숙한 문제는 기계적으로 풀며 분량을 채우는 데 집중한다. 이는 뇌를 활용하는 진정한 공부라기보다, 불안을 잠재우기 위한 형식적인 과정에 머무를 위험이 있다.

AI 시대에 이러한 속도 중심의 습관은 더 위험한 신호가 될 수도 있다. 질문만 던지면 즉시 정답이 도출되는 환경에 익숙해진 아이들은 사고의 끈기를 발휘하기보다, 빠른 해답을 확보하는 쪽으로 움직이려 할 것이다. 조금만 막혀도 "이거 정답이 뭐예요?"라며 조급해하고 곧장 검색이나 AI를 호출하는 모습은, 모르는 상태를 견디는 지적 인내심이 약해지고 있다는 반증이다. 그 결과 학습은 탐구가 아니라 신속히 처리해야 할 과제로 변질되기 쉽다.

뇌과학적 관점에서 학습은 시냅스가 단단하게 연결되는 과정이다. 이 연결은 정보가 뇌를 빠르게 스쳐 지나갈 때 만들어지지 않는다. 정보가 머릿속에 머물며 기존 지식과 충돌하고, 그 충돌을 해결하기 위해 스스로 의미를 조정할 때 비로소 강화된다.

수십 문항을 빠르게 해결하고 지나친 경험은 쉽게 휘발되기 쉽지만, 단 한 문제라도 스스로 해결하기 위해 오래 고민한 경험은 뇌에 깊고 선명한 사고의 경로를 남긴다. 결국 오래 남는 실력은 속도에서 나오는 것이 아니라, 느리더라도 스스로 끌어내고 정리하며 끝까지 도달한 경험에서 나온다.

집요함이 새로운 재능으로 자리 잡는다

시대가 요구하는 우등생의 정의를 근본적으로 재정립할 필요가 있어 보인다. 입시의 패러다임이 새로운 국면을 맞이하고 있기 때문이다. 과거의 우등생이 제한된 시간 안에 많은 문항을 빠르고 정확하게 해결하는 능력으로 평가받았다면, 앞으로의 우등생은 단 한 문제를 다루더라도 출제 의도와 함정, 개념의 본질을 끝까지 파고 드는 깊이에 몰입하는 학생이 될 것이다.

신속함의 영역은 이미 기술의 효율성이 압도하고 있으며, 인간이 차별성을 확보할 수 있는 지점은 기술이 쉽게 도달하기 어려운 사고의 깊이다. 그래서 대학은 단순히 점수만으로 학생을 선발하는 방식에 한계를 느끼고, 논술·면접·서술형 평가처럼 사고의 구조를 확인할 수 있는 심층 평가의 필요성을 다시 강조하고 있다.

정답을 맞히는 능력보다 더 중요한 것은 '왜 그렇게 생각했는가'를 논리적으로 설명하는 능력이다. 여러 자료를 종합해 자기 관점으로 재구성하는 힘이 결국 대학이 보고자 하는 핵심 역량이라 할 수 있다. 상위권 학생들의 학습 양상을 살펴보면, AI를 정답 도출의 지름길로만 쓰지 않는 경향이 뚜렷하다. 이들은 기술을 이용해 자신의 사고를 더 깊게 밀어 넣고, 이해의 빈틈을 끝까지 확인하는 도구로 활용한다.

역사 과목에서 프랑스혁명을 공부한다고 가정해 보자. 일반적인 학생은 AI에게 "프랑스혁명의 원인과 결과를 요약해 줘"라고 요청할 것이다. 그리고 제시된 요약본을 훑어본 뒤, 내용을 모두 이해했다고 생각하며 학습을 마무리할 것이다. 이는 지식의 표면만 빠르게 확인한 것에 가깝다.

반면 집요한 학생은 질문을 한 번에서 멈추지 않는다. "당시 빵

가격 폭등이 시민들의 분노에 어떤 방식으로 영향을 끼쳤을까?"라고 묻고, 답변이 돌아오면 다시 "그렇다면 경제적 위기는 혁명의 필수 조건이라고 볼 수 있을까?"라고 이어 묻는다. 나아가 "경제 상황이 비교적 안정적이었는데도 혁명이 발생한 사례가 있어?"라고 찾고, 마지막에는 "이 현상을 현대 사회의 양극화 문제와 연결해 볼 수 있을까?"라고 관점을 확장한다.

이처럼 아이는 하나의 주제를 놓고 AI와 치열하게 문답을 주고받으며 사고를 다듬는다. 겉으로 보기에는 진도가 느리고 비효율적으로 보일 수 있다. 다른 아이들이 문제집 여러 페이지를 넘길 때, 한 페이지에 오래 머무는 모습이 부모의 눈에는 불안하게 비치기도 할 것이다. 그러나 집요하게 몰입한 시간이 쌓이면 학습의 밀도는 확연히 달라진다. 지식을 습득하는 단계를 넘어, 사고의 깊이와 논리의 체력을 키우는 훈련이 되기 때문이다. 이러한 과정을 거친 아이는 단편적인 지식만 가진 학생이 넘어서기 어려운 통찰의 벽을 쌓게 된다. 속도의 영역은 기술에 맡기고, 깊이의 영역은 인간의 사고로 채우는 것이 새로운 시대의 학습 원리다.

초고난도 문항은 사고의 체력을 측정하는 척도다

수능에서 최상위권을 가르는 결정적 요소인 초고난도 문항의 본질을 들여다볼 필요가 있다. 이러한 문항은 단순히 공식을 대입해 즉각 답을 얻는 구조가 아니다. 여러 개의 개념이 동시에 얽혀 있고, 긴 지문 속에는 조건의 의미를 해석하도록 유도하는 논리적 장치가 숨어 있어 기계적인 반사신경만으로는 해결하기 어렵다.

난이도 높은 문제를 풀어내는 힘은 화려한 순발력보다 지치지 않고 뇌를 가동하는 사고의 체력에서 나온다. 해설을 확인하고 싶은 유혹을 이겨내는 인내심도 필요하다. "출제자는 왜 이 조건을 넣었을까", "다른 접근은 가능하지 않을까"라고 스스로 묻고, 논리를 점검하며 붙잡고 늘어지는 지적 지구력이 관건이다. 얕은 호흡으로는 깊은 사고가 요구되는 문항을 통과하기 어렵다.

AI는 현존하는 가장 뛰어난 정답 도출 도구이다. 그러나 버튼을 누르기 전에 "이 문제에서 내가 세워야 할 논리는 무엇인가"를 설계하는 일, 그리고 도출된 해답을 자기 지식으로 체화하는 과정은 기술이 대신해 줄 수 없다. 이 과정은 결국 인간의 몫이며, 집요하게 파고드는 학생만이 도달할 수 있는 영역이다.

학부모와 교육자는 아이를 재촉하는 습관을 경계해야 한다. "빨리 끝내라", "진도를 맞춰라"라는 독촉은 사고의 체력을 키우는 시간을 줄이고, 문제를 깊게 붙잡는 습관을 약화시킬 수 있다. 대신 아이가 한 문제에 오래 머무르는 시간을 비효율로 보지 않고 훈련으로 해석해 주는 태도가 필요하다. 다음과 같은 방식의 대화가 도움이 될 수 있다.

"오늘은 진도를 많이 나가지 않아도 괜찮아. 대신 한 문제를 풀더라도 왜 이렇게 풀어야 하는지, 다른 사람에게 설명할 수 있을 정도로 정리해 보면 좋겠다. AI는 정답을 알려주는 도구가 아니라 네 풀이가 논리적으로 타당한지 점검해 주는 도구로만 쓰면 돼.”

느려 보이지만 끝까지 파고드는 아이, 지식의 끝을 확인하려는 끈기를 가진 아이가 입시라는 장기전에서 더 견고한 실력으로 이어질 가능성이 높다. 속도만 앞세우는 학습은 쉽게 흔들릴 수 있지만, 깊이를 확보한 학습은 시간이 지나도 잘 무너지지 않는다.

다음의 그래프를 통해 학습의 깊이와 시간이 어떤 상관관계를 맺는지 확인해 보자.

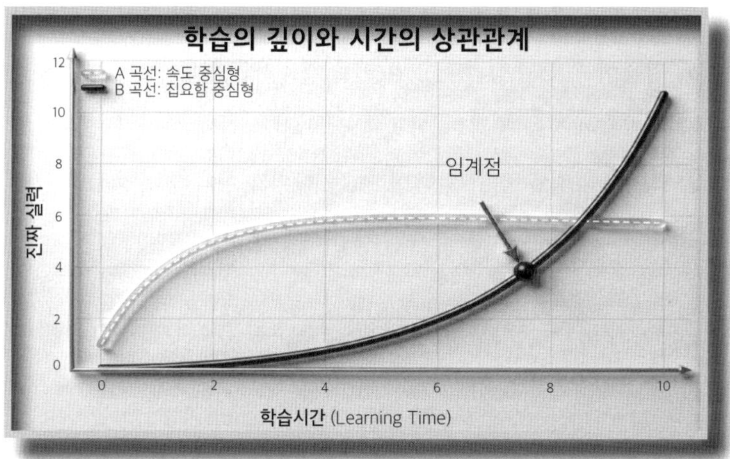

A 곡선: 속도 중심의 학습

초반에는 성적이 가파른 상승 곡선을 그린다. 빠른 진도와 방대한 문제 풀이 양이 뒷받침되기 때문이다. 많은 부모가 이 지점에서 안도감을 느낀다. 하지만 응용 단계나 초고난도 문항을 마주하는 순간 성장은 한계에 부딪히거나 하락세로 돌아서기 시작한다. 이는 넓고 얕게 파인 웅덩이와 같은 형태를 띤다.

B 곡선: 집요함 중심의 학습

초반에는 성취의 변화가 매우 완만하게 나타난다. 한 문제를 오래 파고드는 탓에 진도가 답답할 정도로 느리게 보일 수 있다. 그러나 지식의 축적이 임계점을 넘어서는 순간 실력은 기하급수적으로 도약하는 J커브를 그리게 된다. 이는 깊고 예리하게 핵심을 뚫고 들어가는 화살표와 같은 형태를 보여준다..

아이의 성적이 정체된 듯 보이고 진도가 더딜 때 부모는 불안감에 휩싸여 속도 중심의 길로 아이를 재촉하곤 한다. 하지만 진정한 승부는 임계점을 통과한 이후에 결정된다. 현재 아이가 집요하게 파고드는 과정을 겪고 있다면, 이는 정체가 아니라 폭발적인 성장을 위한 내실을 다지는 응축의 시간일 수 있다.

나를 분석하는 AI를 주도적으로 활용하는 기술

학습 성취도가 높은 아이와 그렇지 않은 아이를 가르는 결정적 요인을 흔히 지능이라고 생각하기 쉽다. 그러나 실제 교육 현장에서 관찰되는 양상은 조금 다르다. 교육심리학과 자기주도학습 연구에서는 학습 성과를 가르는 핵심 요소로 메타인지를 반복해서 강조해 왔다.

메타인지는 단순히 암기력이 뛰어난 상태를 의미하지 않는다. 자신이 무엇을 알고 무엇을 모르는지, 어디에서 흔들렸는지, 어떤 방식으로 실수했는지를 스스로 점검하고 조절하는 능력이다. "이 개념을 정말 이해한 것인가", "풀이 과정에서 왜 여기서 멈칫했는가"와 같은 질문을 던질 수 있는 아이는 같은 시간을 공부해도 성장이 더 빠르다. 최상위권의 보이지 않는 도구는 결국 이 자기 점검 능력이다.

생성형 AI와 초개인화된 교육 기술이 확산되면서 학습 영역에서는 '메타인지의 외주화'라는 전례 없는 현상이 나타나고 있다. 알고리즘이 개인의 취향을 분석해 콘텐츠를 추천하듯, 학습 도구 또한 학생의 데이터를 실시간으로 분석한다. 문제를 푸는 데 걸린 시간, 자주 틀리는 유형, 오답이 발생하는 지점 같은 수많은 정보를 바탕으로 학생의 상태를 진단한다. AI는 이런 방식으로 진단한다.

"공식 자체는 알고 있지만, 그래프 변형 문제에서 실수가 반복되고 있습니다. 특히 평행이동과 주기 변화에서 오답이 많네요. 이 부분을 먼저 보완하세요."

학생 입장에서는 매우 편리하다. 스스로 분석하지 않아도 시스템이 진단을 내려주고, 그에 맞는 학습 경로까지 제시해 주기 때문이다. 그러나 이 편리함의 이면에는 경계해야 할 함정이 존재한다. 아이가 자신의 상태를 스스로 진단하고 성찰하는 과정이 줄어들 수 있기 때문이다. AI가 분석과 처방까지 모두 대신해 주는 환경에 익숙해질수록, 아이의 메타인지 근육은 점차 약해질 가능성이 있다. 결국 핵심은 AI의 분석 기능을 거부하는 것이 아니라, 그 분석을 내가 이해하고 통제하는 방식으로 활용하는 데 있다.

아는것에 대한 감각의 상실

과거의 학생들은 시험이 끝난 뒤 직접 오답을 정리하며 성찰의 시간을 가졌다. "왜 이 문제를 틀렸지? 개념은 이해했는데 마지막 계산에서 실수했구나." 빨간 펜으로 오류를 표시하고 풀이 과정을 다시 따라가는 일은 단순한 복습이 아니었다. 스스로의 사고 흐름을 점검하고, 실수의 원인을 찾아내며, 다음 행동을 설계하는 메타인지 훈련이었던 것이다. 뇌가 오류를 감지하고 수정 경로를 만드는 힘은 바로 이런 과정에서 길러진다.

하지만 최근의 풍경은 훨씬 효율적이면서도 건조하다. 시험을 제출하는 순간 AI가 분석 결과를 리포트 형태로 보여준다. '이차방정식 응용 정답률 45%', '함수 그래프 변형에서 오답 빈도가 높음', '추천 강의 3개' 같은 지표가 즉각적으로 제시된다. 아이는 그 데이터를 보며 고개를 끄덕인다. "아, 내가 이 부분이 약하구나." 그러나 이 깨달음은 스스로의 고민 끝에 얻어낸 결론이라기보다, 외부에서 제공된 진단을 확인하는 과정에 가깝다.

이 편리함이 반복될수록 아이들은 자신이 무엇을 알고 무엇을 모르는지 스스로 감지하는 감각을 점차 잃어간다. 이는 단순한 학습 효율의 문제가 아니다. 내가 어디에서 흔들렸는지를 스스로 알아차리는 예민한 감각, 곧 공부의 방향을 잡아주는 내부 나침반이 무뎌지는 문제다. AI가 신호를 보내기 전까지는 부족한 지점을 인식하지 못하고, 리포트가 없으면 다음 공부를 어떻게 설계해야 할지 막막해지는 상태가 되는 것이다. 이것이 메타인지 외주화가 만들어내는 가장 우려되는 단면이다. 따라서 AI 분석을 사용할 때는 단순히 결과를 받아들이는 데서 멈추지 말고, 그 결과를 내 언어로 해석하는 과정을 반드시 포함해야 한다. 이를 위해 아이에게 아래와 같은 프롬프트를 습관처럼 사용하게 하는 것이 효과적이다.

"내가 이번에 틀린 문제들을 보고 약점만 정리해 주는 건 됐어. 대신 내가 왜 틀렸는지 원인을 유형별로 나눠줘. 예를 들어 '개념 이해 부족', '조건 해석 실수', '계산 실수', '문제 접근 전략 오류'처럼 분류해 주고, 각 유형별로 내가 다음에 뭘 하면 좋은지도 한 줄씩 제안해 줘."

이렇게 AI를 진단서 발급기가 아니라 내 사고를 정리해 주는 코치로 사용하면, 기술이 메타인지를 빼앗는 것이 아니라 오히려 강화하는 도구가 될 수 있다. 핵심은 AI가 분석해 준 결과를 그대로 믿는 것이 아니라, 그 결과를 통해 스스로의 사고를 다시 점검하고 다음 행동을 설계하는 주도권을 놓지 않는 데 있다.

AI를 메타인지의 거울로 삼는 3단계 학습법

정밀한 AI 분석 기능을 굳이 멀리할 필요는 없지만, 문제는 데이터를 정답처럼 받아들이는 태도다. 상위권 아이들은 AI가 제시한 결과에 자신을 가두지 않고, 그 데이터를 메타인지가 제대로 작동하고 있는지 확인하는 객관적인 거울로 활용한다. 이들에게 중요한 것은 점수 그 자체가 아니라, 내가 알고 있다고 믿는 감각과 실제 실력 사이의 오차를 줄이는 과정이다. 이를 심리학에서는 캘리브레이션이라 부른다. 단순히 문항을 많이 푸는 행위는 반복 노동에 가깝지만, "나는 맞혔다고 생각했다"라는 예측과 실제 결과를 대조하는 과정은 사고의 훈련이 된다. 기술은 바로 이 지점에서 학습을 가속하는 도구가 된다.

다음의 3단계를 통해 AI를 메타인지 도구로 활용해 보자.

1단계, 예측

채점 버튼을 누르기 전에 자신의 결과를 스스로 예상한다. "이번에는 80점 정도 나올 것 같다"처럼 점수를 예측하거나, 각 문제에 대해 '확실함/애매함/모르겠음'을 표시한다. 핵심은 정답이 아니라 확신의 정도를 기록하는 것이다.

2단계, 분석 확인

AI의 분석 결과를 확인하고, 앞서 세운 예측과 얼마나 일치하는지 대조한다. 여기서 중요한 것은 맞힌 문제보다, 내 감각이 얼마나 정확했는가를 확인하는 일이다.

3단계, 불일치 조정

점수보다 예측이 빗나간 지점에 집중한다. 특히 두 유형이 핵심이다. 첫째, 확신했는데 틀린 문제다. 이는 개념이 아니라 사고 과정 어딘가에 구멍이 있다는 신호다. 둘째, 애매했는데 맞힌 문제다. 이는 실력이 아니라 운에 의해 점수가 유지되고 있을 가능성을 뜻한다. 이 두 지점을 분석하면 사고의 공백이 정밀하게 드러난다.

기술은 나의 오만과 착각을 비추는 조력자에 머물러야 한다. 거울은 실상을 보여줄 뿐, 옷매무새를 대신 고쳐주지 않는다. 거울

속 모습을 보고 비뚤어진 옷깃을 바로잡는 주체는 결국 기술을 쥔
아이 자신이다.

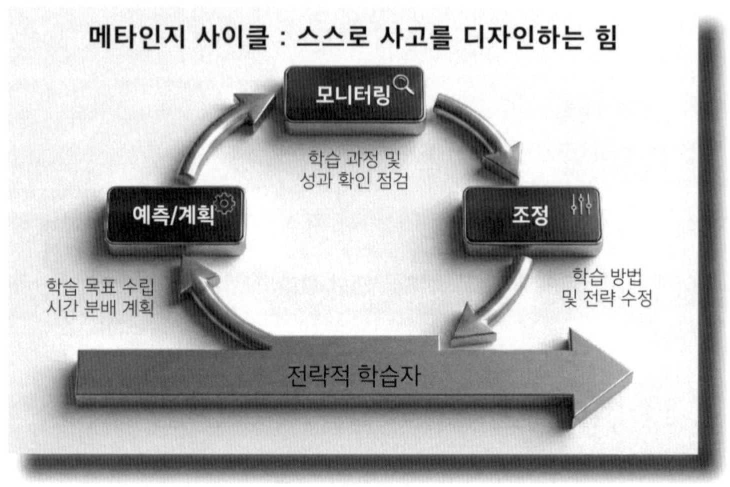

설명할 수 없다면 온전한 지식이 아니다

아인슈타인은 "여섯 살 아이에게 설명할 수 없다면 그 개념을 제
대로 이해한 것이 아니다"라는 취지의 말을 남겼다고 알려져 있다.
메타인지를 확인하는 가장 확실한 방법은 머릿속 지식을 밖으로 꺼
내는 출력 과정에 있다. 눈으로 강의를 보며 이해했다고 믿는 것과,
누군가에게 논리적으로 설명하는 것은 결이 다르다. 전자가 관람
에 가깝다면 후자는 실전에 가깝다.

음성 대화가 가능한 생성형 AI는 이 과정에서 인내심 많은 청자
역할을 수행한다. 부모나 친구는 설명이 막히면 답답함을 느끼거

나 대신 설명해 주기 쉽다. 반면 AI는 아이가 말을 끝낼 때까지 기다려주고, 감정적으로 개입하지도 않는다. 아이가 교사가 되어 모르는 학생에게 개념을 설명하는 상황을 만들어 보자.

"관계대명사 that은 언제 쓰냐면요… 사람일 때도 쓰고, 사물일 때도 쓰고… 어… 그런데 언제 that을 쓰고 when이나 who를 쓰는지는… 음…."

설명하다가 말문이 막히는 바로 그 지점이 아이가 보완해야 할 영역이다. AI가 굳이 "틀렸다"고 말하지 않아도, 논리가 흔들리는 순간 메타인지는 경고등을 켠다. 안다고 믿었던 내용이 사실은 흐릿했다는 자각이야말로 진짜 학습의 출발점이 되는 것이다. AI에게 구체적인 역할을 부여하면 효과는 더 커진다.

"지금부터 너는 수학이 약한 중학생이라고 생각해 줘. 내가 피타고라스의 정리를 설명하면, 이해가 안 되는 부분을 바로 질문해 줘. 그리고 내가 설명을 애매하게 하면 '그게 무슨 뜻이야?'라고 다시 물어봐 줘."

이런 방식의 대화는 아이의 능력을 단순 암기에서 한 단계 끌어올릴 수 있다. 아이는 AI를 이해시키기 위해 논리 구조를 다시 세우고, 스스로 예시를 만들고, 설명의 순서를 조정해야 한다. 이것은 뇌를 입체적으로 쓰는 메타인지 훈련이다. AI가 "그 부분이 잘 연결되지 않는다"거나 "예시를 하나 더 들어 달라"고 요구하는 순간은, 무엇과도 바꿀 수 없는 복습의 기회가 된다. 결국 누군가에게 설명할 수 있는 상태에 도달했을 때 비로소 지식은 온전한 실력이 된다.

데이터의 주권을 쥘 것인가 기술에 종속될 것인가

학습의 패러다임이 종이 문제집에서 디지털 데이터로 이동하는 흐름은 거스를 수 없는 현상이다. 그러나 기술이 얼마나 정밀한가보다 더 중요한 것은, 그 데이터를 해석하는 권한을 누가 쥐고 있는가이다. 방대한 분석 리포트를 기술에 전적으로 위임하는 순간, 아이는 스스로를 진단하는 주체성을 잃고 알고리즘의 지시에 따라 움직이는 수동적인 학생으로 머무르기 쉽다. 따라서 우리 아이가 현재 어떤 순환 고리 안에서 학습하고 있는지 냉정하게 살펴볼 필요가 있다. 아이들이 AI를 대하는 태도는 크게 의존형 순환과 주도형 순환이라는 두 가지 구조로 나누어 볼 수 있다.

의존형 순환에 갇힌 아이는 "도형 영역의 이해도가 낮다"는 AI의 진단을 그대로 받아들이고, 이유를 충분히 따져보지도 않은 채 추천 문항을 기계적으로 풀어 나간다. 이 과정이 반복되면 학습의 의지는 점차 흐려지고, 아이의 머릿속에는 내가 공부를 설계한다는 감각 대신 기계가 시키는 대로 따라간다는 습관만 남게 될 것이다.

반면 주도형 순환의 아이는 AI의 분석을 유용한 참고자료로 받아들이되, 그것을 최종 판단으로 삼지 않는다. AI가 "함수 단원이 약하다"고 분석했을 때, 주도형 아이는 스스로의 경험을 대조하며 이렇게 생각한다.

"함수 개념이 어려운 게 아니라, 그래프를 읽는 순간에 자꾸 실수가 난다. 연산 문제를 더 푸는 것보다 그래프 해석 연습을 먼저 해야겠다."

이처럼 추천 경로를 비판적으로 검토하고, 자신의 상황에 맞게 보완책을 세우는 순간 아이는 학습의 주권을 되찾게 될 것이다. 자신을 객관화하는 힘을 기르지 않은 채 기술의 편리함에 사고를 위임하는 것은, 성장의 기회를 통째로 놓치는 것과 다름없다. AI가 차려주는 정보에 만족하는 인지적 수용자가 될 것인지, 데이터를 재료 삼아 자신만의 성장을 설계하는 학습의 기획자가 될 것인지 선택해야 한다. AI는 유능한 조언자일 뿐이며, 최종 의사 결정권자는 언제나 아이 자신이어야 한다.

공교육과 사교육 AI, 주도권은 누구에게 있는가

최근 공교육 현장에서도 AI 기반 디지털 교과서(AIDT) 도입이 본격화되며 학교 수업에서도 학생들의 학습 데이터가 체계적으로 축적되기 시작했다. 일부 학교에서는 교사의 태블릿에 출석·수업 태도·형성평가 결과 같은 과정 중심 데이터가 기록되고, 디지털 문제풀이 플랫폼에서는 학생의 오답 패턴과 학습 진도 같은 정보가 수집되고 있다.

한편 사교육 시장에서도 고도화된 AI 솔루션을 앞세워 학습 로그와 문제풀이 데이터를 분석하는 도구가 보편화되어 가고 있다. 다만 우려되는 지점은 이런 데이터가 각각의 생태계 안에서만 활용될 뿐, 공교육과 사교육 사이에 체계적인 연계나 공통의 기준이 마련되어 있지 않다는 사실이다.

학교 AI가 '기초가 부족하니 교과서의 기본 문제를 보충하라'고 조언할 때, 학원 AI는 '상위권 도약을 위해 초고난도 문항에 집중해야 한다'며 압박한다. 서로 다른 정보가 충돌할 때 발생하는 혼란과 부담이 학생에게 집중되기 쉬운 구조인 셈이다. 이 상황을 해결할 유일한 열쇠는 데이터 통합의 주도권을 학생 스스로 확보하는 데 있다. 학교와 학원이 쏟아내는 상반된 지표를 맹목적으로 수용하기보다, 자신의 상황에 맞춰 정보를 선별하고 조율하는 데이터 결정권자로 거듭나야 한다.

두 개의 AI, 서로 다른 목적

아이들이 겪는 혼란의 본질은 기술적 오류에 있지 않다. 공교육과 사교육의 AI를 구동하는 알고리즘의 성능 차이라기보다, 공교육과 사교육이 성과로 삼는 평가 지표가 서로 다르기 때문이다.

공교육 AI의 목적은 보편성과 책임에 중심을 둔다. 국가 교육 과정은 낙오자 없는 교육을 지향하며, 학교는 학생이 표준 과정을 안정적으로 이행하는지 확인하고 기초 학력을 보장하는 데 우선순위를 두게 된다. 따라서 공교육의 AI는 문제 풀이의 속도보다 학습 결손을 줄이고, 학습 습관을 유지하며, 수업 과정에서의 이해도를 점검하는 기능이 더 강하게 설계된다.

사교육 AI의 목적은 변별력과 효율성을 향해 움직인다. 경쟁이 전제된 환경에서 학원의 알고리즘은 단기간 성적 상승을 위해 학습 시간을 최적화하고, 취약 영역을 빠르게 찾아내며, 시험에서 실수가 발생하는 지점을 공략하는 데 집중한다. 여기서는 학습의 깊이보다 속도와 점수라는 결과값이 가장 강력한 지표로 작동한다.

이 차이는 단순한 철학의 차이가 아니라, 제도와 책임 구조의 차이에서 비롯된다. 공교육은 모든 학생을 대상으로 하며, 학생이 뒤처졌을 때 그 책임을 학교가 일정 부분 떠안는다. 그러므로 공교육의 평가는 속도 경쟁을 강화하기보다, 최소 기준을 충족하도록 끌어올리는 방향으로 설계될 수 밖에 없다. 반대로 사교육은 선택된 학생을 대상으로 하고, 성적 향상이라는 결과가 곧 서비스의 가치로 환산된다. 같은 시간에 몇 점을 올렸는지가 곧 실적이 되기 때문에, 과정 중심의 느린 성장을 기다리기보다 단기간의 변화를 만들어내는 전략에 집중하게 된다.

이러한 차이를 이해하지 못한 학생은 두 세계 사이에서 인지적 괴리감을 경험한다. 학교 수업 시간에는 디지털 교과서로 기본 문제를 해결하며 지루함을 느끼고 자신의 실력을 과대평가하기 쉽지만, 반대로 학원에서는 고난도 문항에 밀려 성적이 하락하고 자존감마저 위축되며 자신을 과소평가하게 된다. 서로 다른 잣대로 상반된 진단서를 내미는 AI 사이에서 아이는 데이터의 홍수에 파묻힌 채 묻는다.

"학교에서는 잘한다고 하는데 학원에서는 부족하다고 해요. 제 진짜 실력은 무엇인가요?"

파편화된 정보는 지식으로 도약할 수 없다

교육공학의 관점에서 가장 이상적인 시나리오는 공교육과 사교육의 데이터를 통합해 학습 상태를 다각도로 분석하는 것이다. 학교에서의 수행, 학원에서의 성취, 가정에서의 자기주도 학습 기록이 하나의 흐름으로 연결될 때 비로소 학생의 실력이 입체적으로 드러난다. 그러나 현실은 그 반대에 가깝다. 개인정보 보호 규제와 사교육 업체의 영업 비밀 보호 정책이 맞물리며, 두 시스템은 구조적으로 연동되기 어렵다.

그 결과, 소중한 학습 데이터는 외부와 단절된 개별 저장소에 고립되기 쉽다. 정보는 서로 연결될 때 비로소 지식으로 도약하지만, 반대로 단절된 정보는 맥락을 잃은 디지털 파편으로 남게 된다. 아이의 학습 자아 또한 이 과정에서 자연스럽게 분절된다.

학교 시스템에는 교과 과정을 성실히 따라가는 모범생으로 기록되지만, 학원 서버에는 과도한 선행 속도에 지쳐 흔들리는 수험생으로 남는다. 집에서 혼자 학습 도구를 사용할 때에야 비로소 타인의 시선에서 벗어난 본연의 실력이 데이터로 드러난다. 같은 아이인데, 기록은 서로 다른 세 개의 얼굴을 보여주는 셈이다.

문제는 파편화된 데이터 조각이 개인의 전체상을 담아내지 못한다는 데 있다. 학생이 스스로 흩어진 기록을 한 흐름으로 묶어 해석하지 못한다면, 아이는 결국 거대 에듀테크 기업과 정부 시스템에 학습 패턴만 제공하는 '정보 제공자' 역할에 머물 가능성이 있다. 자신에 대한 통찰을 얻기 위해서는 데이터를 모으는 사람이 아니라, 데이터를 통합하고 해석하는 주체가 되어야 한다.

학생이 데이터 통합 관리의 주체가 되어야 한다

데이터 경쟁이 치열해지는 환경에서 상위권 학생들은 생존 전략을 본능적으로 체득한다. 이들은 거대 시스템 중 하나를 선택하거나 배제하는 방식으로 움직이지 않는다. 오히려 공교육과 사교육의 도구를 목적에 맞게 배분하고, 자신이 학습 데이터를 생산하는 존재를 넘어 데이터를 수집하고 해석하며 최종 결정을 내리는 통합 관리자라는 사실을 자각한다.

이들은 두 개의 AI를 각기 다른 역할로 운용하는 투 트랙(Two-Track) 전략을 구사한다. 먼저 공교육 AI는 안정적인 기반을 확인하는 베이스캠프가 된다. 메타인지를 점검하고 학습의 기초 체력을 확인하는 데 주력한다. 데이터 대시보드를 살피며 개념의 공백이 없는지 촘촘히 점검하고, 학교 데이터는 자만심을 경계하며 내실을 다지는 지표로 활용한다. 특히 내신 관리는 학교가 요구하는 기준과 문법에 맞춰 철저히 운영한다.

반면 사교육 AI는 특정 임무를 수행하는 특수 부대에 가까우며 목적이 명확하다. 취약 지점을 타격하고, 수능과 같은 경쟁적 평가에서 변별력을 확보하는 것이다. 학교에서 채워주지 못하는 심화 학습과 고난도 문항 훈련을 집중적으로 수행하며, 이 과정에서 학생은 기술에 기대기보다 기술을 도구로 다룬다. 필요할 때만 접속하고 필요한 정보만 선별해 활용하는 주도적인 태도를 유지한다. 진정한 실력은 두 영역의 데이터를 결합하고 재해석하는 지점에서 완성된다. 아이는 자신의 학습 계획표 위에 학교와 학원의 정보를 동시에 펼쳐놓고 통합한다.

"학교 기록을 보면 수행평가 점수는 안정권이니 기본은 괜찮은 것 같아. 그런데 학원 지표를 보면 모의고사 수학 등급이 들쭉날쭉하네. 이번 달은 학교 과제 비중을 일정 수준으로 유지하되, 고난도 문항 해결 훈련에 더 많은 비중을 두어야겠다."

이러한 방식으로 결론을 내린다. 이때 가장 중요한 원칙은 판단의 주체가 기술이 아닌 학생 자신이어야 한다는 점이다. 공교육과 사교육의 간극 사이에서 중심을 잡고, 양쪽 데이터를 운용하며 기술이 자신의 목표를 위해 일하게 만드는 태도가 핵심이다. 시스템이 연동되지 않는 환경에서 유일한 생존법은 결국 스스로가 관제탑이 되는 것이다.

상황을 파악한 학생은 지표를 맹목적으로 따르지 않고, 일정과 목적에 맞게 우선순위를 다시 조정한다. 학원 AI가 문법 보충을 권고하더라도 학교 일정상 영어 말하기 수행평가의 비중이 더 크다면, 지금은 기계적인 문법 풀이를 늘리기보다 AI가 지적한 오류를 정리해 발표 대본을 다듬는 편이 더 전략적일 수 있다. 파편화된 정

보를 맥락에 맞게 재해석하고, 그때그때 우선순위를 결정하는 역
량이야말로 AI 시대의 진정한 실력이라 할 수 있다.

AI가 모든 것을 해결해 준다는 주장은 절반의 진실이다

수많은 에듀테크 기업들은 화려한 슬로건으로 학부모의 이목을
끌고 있다.

"우리 AI 솔루션만 있으면 학교와 학원이 필요 없습니다. AI가
모든 것을 분석해 최적의 방안을 제시합니다."

언뜻 완벽한 미래 교육처럼 들리지만, 이는 데이터의 단면만을
보여주는 절반의 진실에 가깝다. AI는 데이터라는 디지털 울타리
안에서는 압도적인 위력을 발휘하지만, 울타리 밖 현실의 변수 앞
에서는 분명한 한계를 드러낸다. 아이가 수학 문제를 연속으로 틀
렸을 때 AI는 기록된 오답 패턴을 근거로 "이차함수 개념이 부족하
다"라고 진단하고 보충 강의를 추천한다. 하지만 실제 원인은 전혀
다른 곳에 있을 수 있다. 친구와의 갈등으로 마음이 흔들렸거나, 잠
을 설친 탓에 집중력이 무너졌거나, 단순히 그날의 컨디션이 나빴
을 가능성도 충분하다. AI는 수치는 읽어내지만 아이의 마음과 상
황, 그리고 그날의 맥락까지는 온전히 파악하지 못한다.

따라서 아이를 두 가지 시선으로 바라볼 필요가 있다. 교실에서
아이의 눈빛과 태도를 읽어내는 정성적 평가와, AI가 데이터를 분

석해 도출하는 정량적 평가가 만나는 지점에 아이의 진짜 실력이 있다. 그리고 그 실상을 가장 정확하게 인지할 수 있는 주체는 교사도 기술도 아닌 아이 자신이다. 현명한 부모는 분석 리포트를 과신하지 않는다. 대신 아이에게 해석을 요구하는 질문을 던진다.

"학교에서는 수학 점수가 안정적인데, 학원 테스트에서는 흔들렸네. 네가 보기엔 어떤 이유가 가장 컸어?"

이 질문은 단순한 해명을 요구하는 과정이 아니다. 서로 다른 데이터를 스스로 연결하고 의미를 해석하게 만드는 고차원적인 훈련이다.

"학교 문항은 익숙한 유형이 많았고, 학원 문항은 시간 압박이 커서 당황했어요."

이렇게 말할 수 있다면, 그 아이는 어떤 기술적 환경에서도 중심을 잃지 않을 것이다. 도구가 늘어날수록 학습 환경은 오히려 복잡해진다. 수많은 정보와 경로를 정리하고, 자신에게 필요한 것만 선별해 배치하는 확고한 주관이야말로 AI 시대에 성적표의 마지막 빈칸을 채우는 결정적인 조각이 될 것이다.

제3장

성적 격차보다 무서운 것은 전략 격차다

AI를 정답지로 쓰는 아이 vs 오답 노트로 쓰는 아이

"선생님, 이 문제를 도저히 모르겠습니다."

과거 교실에서 수업 중 손을 들어 질문하는 일은 생각보다 큰 용기가 필요했다. 교사의 분주함이 부담스럽거나 주변의 시선이 신경 쓰이면 아이들은 질문을 입 밖으로 꺼내지 못한 채 마음속에 묻어두곤 했다. 대신 문제집 뒤편의 해설지를 조용히 펼쳐 정답과 풀이를 베껴 적었다. 그 과정을 통해 스스로 이해했다고 믿는 일은 진짜 학습이라기보다, 불안을 잠재우는 심리적 위안에 가까운 경우가 많았다.

최근 도구는 종이 해설지에서 AI로 빠르게 이동했지만, 학습의 행동 양식이 근본적으로 달라지지 않은 장면도 여전히 관찰된다. 오히려 문제가 더 심화될 수 있는 조건이 갖춰진 셈이다. 종이 해설지는 페이지를 찾는 최소한의 물리적 수고라도 필요했지만, AI는 카메라 기능 하나로 정답과 풀이를 즉시 제시한다. 사고의 과정이 생략되는 '무마찰 정답'이 손안에 들어온 것이다.

AI는 교육 현장에서 사용 방식에 따라 결과가 극단적으로 갈리는 도구이므로, 세심하게 다룰 필요가 있다. 누군가에게는 사고를 대체하는 편리한 지름길이 되지만, 다른 누군가에게는 부족함을 진단하고 사고를 교정하는 정교한 학습 도구가 된다. 이 차이는 기술의 성능이 아니라 사용자가 AI를 호출하는 시점과 목적에서 비롯된다.

학습에 어려움을 겪는 아이들 중 일부는 스스로 사고를 충분히 시도하기 전에 AI를 먼저 여는 습관을 보인다. 과제를 끝내야 한다는 단기적 목적에 끌려 반사적으로 카메라를 드는 것이다. 결과물은 얻지만 학습의 흔적은 남지 않으며, 결국 AI가 만든 답안을 옮겨 적는 디지털 노동에 머무르기 쉽다.

반대로 성취도가 높은 학생들 중 상당수는 충분히 고민한 뒤, 막히는 지점에서 AI를 활용하는 패턴을 보인다. 정답을 얻는 것이 아니라 개념을 완전히 이해하는 것이 목표이기에, 해결책을 끝까지 찾다가 마지막에 기술을 호출한다. 이때 AI는 정답지를 넘어 사고의 오류를 점검하는 오답 노트이자 맞춤형 조력자로 기능한다.

AI를 편리한 지름길로 쓸 것인가, 성장을 위한 정교한 도구로 삼을 것인가. 이 선택은 단기간에는 큰 차이가 없어 보일 수 있다. 그러나 시간이 쌓이면, 학습 역량의 격차는 몇 년 뒤 돌이키기 어려울

만큼 크게 벌어질 가능성이 있다.

AI를 진통제로 활용하는 학습의 함정

성취가 정체된 아이들에게서 자주 관찰되는 심리적 특징 중 하나는 모르는 상태를 잠시도 견디지 못한다는 점이다. 문제가 풀리지 않는 순간 뇌는 이를 지적 도전으로 받아들이기보다, 회피해야 할 불편과 고통으로 인식한다. 막히는 순간 아이들은 강한 스트레스를 느끼고, 그 불편함을 빨리 끝내고 싶다는 충동에 흔들리는데 바로 그 찰나에 AI는 가장 빠르고 강력한 진통제로 작용한다.

"도저히 모르겠다. 그냥 AI로 보자." 스마트폰으로 문제를 촬영하는 순간, 몇 초 만에 해설과 정답이 화면을 채운다. 뇌를 압박하던 긴장감은 사라지고, 그 자리에 해결했다는 착각이 들어선다. 아이는 AI가 제시한 풀이 과정을 대충 훑어본 뒤 고개를 끄덕인다. "아, 이렇게 하는 거였네." 그리고 곧바로 문제집에 정답을 표시하고 다음 페이지로 넘어간다.

이때 AI는 학습의 조력자가 아니다. 번거로운 과제를 신속히 처리해 주는 처리 도구에 가까우며 목적도 분명하다. 이해를 얻는 것이 아니라, 불편한 상황을 끝내고 빨리 벗어나는 것이다. 결국 아이가 얻는 것은 실력이 아니라 불안이 잠시 사라진 경험이다.

이 방식이 치명적인 이유는, 겉으로는 공부가 진행되는 것처럼 보이지만 실제 학습은 거의 남지 않기 때문이다. 눈으로 풀이를 봤을 때는 이해한 듯 느껴지지만, 실전에서는 단 한 줄의 식도 스스로 세우지 못한다. AI의 논리를 관람했을 뿐, 자신의 논리로 구성하고 체화하지 않았기 때문이다. 이는 학습이라기보다 결과만 빠르게 수집하는 정답 쇼핑에 가까워지기 쉽다.

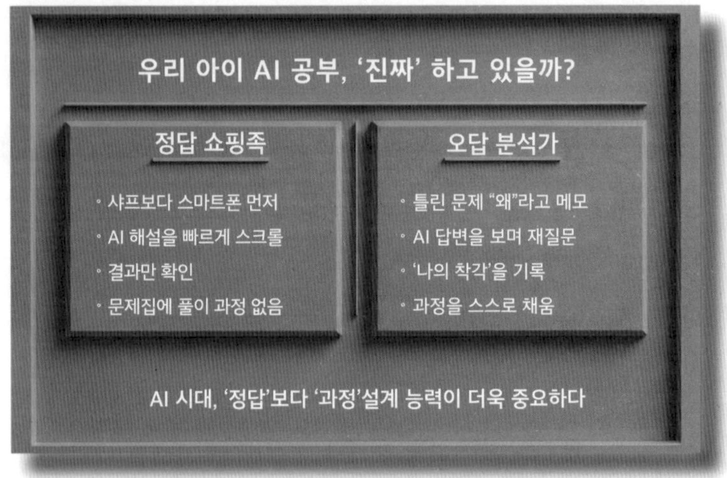

AI를 분석가로 활용하는 상위권의 전략

상위권 학생들에게 AI는 정답을 알려주는 친절한 과외선생님이 아니다. 이들에게 AI는 오답의 원인을 정밀하게 해부해 주는 냉철한 분석가에 가깝다. 모르는 문항을 마주해도 곧바로 기술의 힘을 빌리지 않고, 사고 과정에서 마주하는 지적 고통을 기꺼이 견디며, 투박하더라도 자신의 논리를 끝까지 밀어붙인다. 그리고 채점을 마치고 오류가 확인되는 순간에야 비로소 AI를 호출한다. 이때부터 질문 방식 자체가 일반적인 학생들과 확연히 달라진다.

유형 A. "이 문제 정답이 뭐야? 풀이도 자세히 알려줘."

유형 B. "나는 이 문제를 3번이라고 생각했어. A 개념을 기준으로 풀었는데 정답은 5번이더라. 내가 어디서 잘못 생각했는지, 어떤 조건을 놓쳤는지 정확히 짚어줘."

이 질문 방식의 차이가 결국 성패를 가를 것이다. 유형 B의 학생은 AI에게 정답을 요구하지 않는다. 자신의 사고 체계를 통째로 제시하고, 그 안에 숨어 있는 논리적 균열을 찾아내라고 요구한다.

"A 개념을 적용한 방향은 맞지만, 문항의 특정 조건을 간과했기 때문에 B 개념이 우선되어야 합니다"

AI가 이렇게 지적하는 순간, 뇌에는 단순한 암기를 넘어 본질적인 깨달음이 새겨진다. 검토를 거친 학생은 같은 함정에 반복해서 빠지지 않는다. 정답을 소비하는 학습은 실력이 정체되기 쉽지만, 오답을 분석하는 학습은 실력의 도약으로 이어질 가능성이 크다.

기록에서 대화로 진화하는 오답 노트의 본질

기존의 오답 노트 작성 방식은 엄밀히 말해 지적 활동이라기보다 육체적 노동에 가까웠다. 문제집을 오려 붙이고 해설지의 내용을 그대로 옮겨 적는 과정은 사고의 확장보다 기록의 성실함에 치중하는 경향이 컸다. 노트가 두꺼워질수록 성취감을 느끼기도 하지만, 정작 사고의 과정은 멈춘 채 기록하는 행위가 이해를 대체하는 주객전도 현상이 빈번하게 나타났다.

생성형 AI 시대의 오답 노트는 정의 자체가 달라져야 한다. 정적인 기록을 넘어, 생동감 있는 대화의 과정으로 진화하기 때문이다. 전략적인 학생들은 문항을 옮겨 적는 데 시간을 낭비하지 않는 대신, 해결하지 못한 지점을 붙잡고 기술과 끈질기게 문답을 주고받으며, 자신의 논리와 조건 해석을 끝까지 검증한다.

"정답이 3번인 이유는 알겠어. 그런데 문제에서 '양수' 조건이 없었다면 내 풀이처럼 5번이 될 수도 있는 거야?" 혹은 "이 문제에서 내가 놓친 조건이 정확히 뭐였는지, 출제자는 어떤 함정을 만들려고 했는지 정리해 줘."

이처럼 치열한 대화가 축적된 기록은 그 자체로 세상에 하나뿐인 살아 있는 오답 노트가 된다. 학생은 AI와의 대화를 통해 자신의 약점을 입체적으로 파악한다. 단순히 특정 단원을 틀렸다는 사실을 확인하는 수준을 넘어, 수열 문항에서 조건을 끝까지 확인하지 않고 성급하게 일반화하는 자신의 인지적 습관까지 분명하게 인식하게 된다.

이 차이는 시간이 흐를수록 크게 벌어질 수 있다. 같은 난관을 다시 마주했을 때, 어떤 학생은 또다시 정답을 소비하지만, 어떤 학생은 스스로 함정을 예측하며 다른 길을 걷기 시작한다.

정답보다 이유를 묻는 부모가 되어야 한다

아이의 태도를 근본적으로 바꾸려면, 아이를 바라보는 부모의 질문부터 달라져야 한다. 자녀가 고심하며 문제를 풀다 스마트폰을 켜는 장면을 마주했을 때, 많은 부모는 반사적으로 경고부터 던진다. "또 해설 베끼는 거냐. 기기 끄고 스스로 풀어라." 이 방식은 즉각적인 효과가 있는 듯 보이지만, 장기적으로는 부작용을 낳을 수 있다. 강제적인 억압은 아이가 부모의 눈을 피해 음지에서 기술을 활용하게 만들 뿐이며, 결과적으로 통제는 더 어려워진다. 현명한 부모가 되려면 감시자가 아니라 전략적인 코치가 되어야 한다. 기기 사용을 무조건 금지하기보다, 활용의 결과를 검증하는 질문을 던지는 태도가 필요하다. 한번 이렇게 말해보자.

"막히는 부분이 있었구나. 그럼 AI는 왜 그게 정답이라고 설명하니? 네가 하던 풀이랑 뭐가 달랐는지 엄마한테 한번 설명해 볼래?"

이 질문은 아이의 사고를 강제로 깨운다. 단순히 결과를 복제한 경우에는 설명 자체가 불가능하기 때문이다. 동시에 부모는 대화 과정에서 기술 활용의 성격을 즉시 파악할 수 있다.

만약 아이가 "그냥 정답이 3번이라고 나왔어요" 혹은 "과정은 잘 모르겠고 답만 봤어요"라고 얼버무린다면, 이는 AI를 단순한 해답지로 전락시킨 사례다. 이 지점에서는 단호함이 필요하다.

"설명할 수 없다면 아직 네 지식이 아니다. 다시 풀어서 원리를 말로 정리해 보자"

이렇게 학습을 되돌려야 한다. 반대로 아이가 이렇게 말한다면 상황은 완전히 달라진다.

"저는 이렇게 풀었는데, AI 설명을 보니까 조건 하나를 놓쳤더라고요. 그래서 이 개념이 아니라 다른 개념을 먼저 적용해야 했어요"

자신의 사고와 AI의 분석 사이의 간극을 설명할 수 있다는 것은, 기술을 정답 자판기가 아니라 오답 노트이자 분석 도구로 활용했다는 증거이기 때문이다. 이때 부모가 해야 할 말은 비난이 아니라 강화다. "그걸 스스로 찾았으면 이 문제는 이제 네 실력이 된 거야" 라고 격려해 주어야 한다.

전략 격차의 핵심은 실패를 대하는 태도에 있다. 오류를 부끄러워하며 회피하려는 아이는 결과만을 빌려오지만, 원인을 규명해 성장의 발판으로 삼으려는 아이는 기술을 정밀한 학습 도구로 활용한다. 성적은 단순히 맞힌 개수로만 오르지 않는다. 스스로 치열하게 교정한 오답의 개수만큼 상승한다는 사실을 기억해야 한다.

지능 대결이 아닌
도구 통제력의 대결

매년 학부모 상담 현장에서 반복적으로 접하는 이야기가 있다.

"우리 아이는 명석한데 노력을 하지 않습니다."

부모들이 신뢰하는 지능은 대개 교과서를 사진 찍듯 기억하는 암기력이나 복잡한 수식을 신속하게 해결하는 연산 속도 같은 전통적인 지표다. 그러나 시대의 흐름 속에서 부모 세대가 신봉하던 전통적 지능의 의미는 이전과 달라지고 있다. 암기력과 속도가 사라지는 것은 아니지만, 그것만으로는 경쟁력을 설명하기 어려워지는 방향으로 이동하고 있는 셈이다. 우리는 이 변화를 감정이 아니라 현실로 직시할 필요가 있다. 학습의 구도는 이미 전환되고 있다. 과거의 입시가 제한된 뇌 용량 안에 지식을 최대한 저장하는 경쟁이었다면, 앞으로의 경쟁은 양상이 달라질 것이다. 외부의 거대한 지능과 정보 자원을 자신의 사고와 연결하고, 목적에 맞게 선별하며, 검증하고, 재구성하는 능력이 성취를 가르는 시대가 되어 가고 있다. 새로운 시대의 결정적인 승부처는 지식의 양이 아니라 도구 통제력과 사고의 주도권에 있을 것이다.

따라서 부모가 '노력을 하지 않는다'고 판단한 아이가 사실은 노력의 의지가 없는 것이 아니라, 노력의 방식이 달라진 상태일 수도 있다. 예전에는 책상 앞에 오래 앉아 문제집을 몇 권 풀었는지가 노력의 증거였다면, 이제는 질문을 정교하게 만들고, 정보를 비교하며, 답을 검증하고, 자기 언어로 정리하는 과정을 진짜 노력이라 할 수 있다. 이 변화를 이해하지 못하면, 사고 중심으로 학습하는 아이도 게으른 아이로 오해받을 수 있다. 그러나 기술을 통제할 줄 아는 아이는 같은 시간 안에서도 훨씬 깊이 있는 학습을 해낼 수 있다. 결국 새로운 시대의 우등생은 더 정확하게 생각하고 더 주도적으로 학습하는 아이가 될 것이다.

기술이라는 슈트를 입었다고 모두가 영웅이 되는 것은 아니다

AI는 과거 어느 기술보다 빠르게 대중화되고 있으며, 많은 학생이 비교적 손쉽게 접근할 수 있게 되었다. 기본적인 성능은 누구에게나 유사하게 제공되지만, 활용 결과는 극명하게 달라진다. 기술의 무게에 눌려 기계의 통제 속에 갇히기도 하고, 기술의 편의성만 믿고 무분별하게 행동하다 성장의 기회를 놓치기도 한다. 극소수의 아이들만이 기술을 도구로 다루며 자기 역량을 끌어올린다.

도구 통제력을 결정짓는 핵심 요소는 주체성이다. 통제력이 낮은 학생은 자신의 의지보다 알고리즘이 설계한 경로에 수동적으로 이끌려 다닐 가능성이 높다. 추천 콘텐츠에 무비판적으로 노출되거나 시스템이 제시하는 문항을 기계적으로 해결하는 데 그치기 쉽다. 주체성을 잃은 사고는 거대한 기술 시스템이 제시하는 흐름을 그대로 따르는 방식으로 굳어질 수 있다.

통제력이 높은 아이는 기술을 항상 쓰는 것이 아니라 필요할 때만 쓰는 것으로 정의한다. 아이는 문제를 풀기 전에 먼저 지금 필요한 것이 아이디어인지, 검증인지, 정리인지 판단한다. 발상이 막힐 때는 AI를 활용해 생각의 가지를 넓히고, 논리를 세워야 할 때는 스스로 사고한 뒤 AI로 반론을 점검한다. 어떤 순간에는 아예 AI를 끄고 종이 위에서 생각을 끝까지 밀어붙인다. 상황에 따라 기술의 사용 강도와 역할을 조절하는 능력, 그것이 시대가 요구하는 인재상이다. 무조건적인 수용이나 무분별한 배척은 해답이 될 수 없다. 기술의 힘을 빌릴 때와 자신의 고유한 사고를 발휘할 때를 정확히 구분하는 감각이 성패를 가르게 된다.

체스 챔피언을 이긴 켄타우로스의 비밀

1997년 IBM의 슈퍼컴퓨터 딥블루가 인간계 최강자인 가리 카스파로프를 꺾은 사건은 체스 역사에서 상징적인 일화로 남았다. 당시 대중은 인간 지성의 시대가 종말을 고했다며 깊은 절망을 느꼈다. 하지만 진정한 반전은 그 이후에 벌어졌다. 인간과 AI가 한 팀

이 되는 프리스타일 체스 실험에서는, 최첨단 슈퍼컴퓨터나 천재 기사보다 기술을 어떻게 운용하느냐가 승부를 갈랐다는 사례가 보고되었기 때문이다.

이들은 연산 능력에서 기술적 열세에 있었으나, 결정적인 순간에 기계의 냉철한 수를 따를지 인간의 뜨거운 직관을 발휘할지 판단하는 통제력에서 탁월함을 증명했다. 그리스 신화의 반인반마에 빗대어 이를 '켄타우로스 전략'이라 정의할 수 있다. 이러한 원리는 아이들의 학습 현장에도 그대로 투영된다.

첫째, **순수 인간형**이다. 기술의 도움을 배제한 채 전통적인 방식에만 의존하며 암기에 몰입하는 유형이다. 성실함은 인정받지만 기술을 활용하는 경쟁자에 비해 효율성 측면에서 한계를 보인다.

둘째, **순수 기계형**이다. 수행평가 등 성취의 과정을 전적으로 기술에 위임하는 유형이다. 편의는 누릴 수 있으나 사고의 근력을 사용하지 않아 지적 역량이 점차 감소하는 결과로 이어지기 쉽다.

셋째, **켄타우로스형**이다. 방대한 자료 수집과 요약은 AI에게 맡겨 자원을 절약하되, 독창적인 논리 구성과 최종 완성은 스스로 책임지는 유형이다. 이들의 성취도는 압도적일 수밖에 없다.

입시는 더 이상 고립된 공간에서 치르는 고독한 투쟁이 아니다. 곁에 있는 유능한 과외교사인 AI를 얼마나 영리하게 활용하느냐가 승패의 관건이다. 이는 기존의 지능 지수로는 측정하기 어려운 새로운 차원의 역량이다. 다음은 통제력을 기르기 위한 3단계 스위칭 훈련법이다.

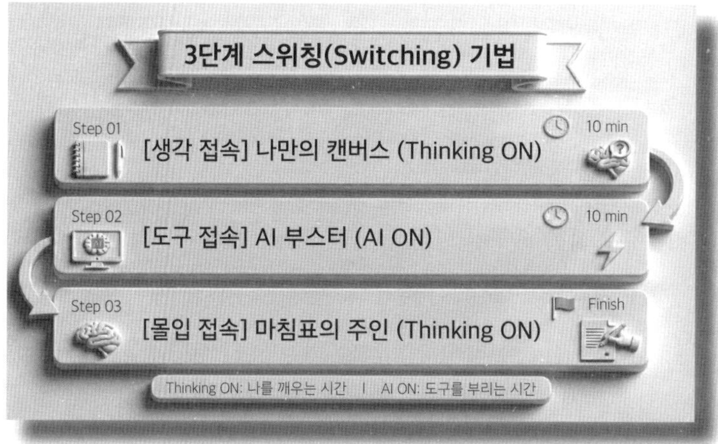

Thinking ON (AI OFF): 처음 10분은 오직 종이와 펜만 사용해 뼈대를 잡는다. 막혀도 AI를 켜지 않는다.

AI ON (Expansion): 막힌 부분이나 자료 조사가 필요한 부분에서만 AI를 켜서 10분간 집중적으로 질문한다.

Thinking ON (Editing): 다시 AI를 끄고, 얻은 정보를 바탕으로 내 문장으로 다듬어 완성한다.

거절하는 능력이 통제력의 척도다

도구 통제력을 기르는 첫걸음은 놀랍게도 수용이 아닌 단호한 거절에서 시작된다. 생성형 AI는 태생적으로 가장 확률이 높고 무난한 평균적인 답을 내놓도록 설계되어 있다. 통제력이 부족한 학생은 그럴듯한 답변을 진리처럼 받아들이며 생각의 주도권을 기계에 넘겨주곤 한다. 반면 통제력을 갖춘 아이는 AI의 첫 번째 답변을 그대로 받아들이지 않는다.

"너무 뻔하다. 다른 관점으로 다시.", "반론도 함께 제시해줘.", "이 주장에 허점이 없는지 찾아줘."

이 같은 짧은 요구를 반복하며 결과물을 계속 흔든다. 빠진 맥락이 없는지, 감정의 흐름이 왜곡되지 않았는지, 근거가 일방적이지 않았는지를 점검하며 수정 지시를 거듭한다. 까다로운 상사가 부하 직원의 보고서를 반려하듯 결과물을 끊임없이 평가하며 거부할 수 있어야 한다. 쉽게 만족하지 않는 태도와 기계보다 높은 지적 기준을 요구하는 자세는 도구 위에 올라서는 주인의 덕목이다.

부모는 아이가 디지털 기기를 다루는 표정과 손끝을 유심히 관찰해야 한다. 아이의 표정보다 중요한 것은, AI에게 던지는 질문이 단순 정답 요구인지, 오류를 분석하려는 질문인지의 여부다. 화면을 활발히 터치하며 입력을 반복하고, 마음에 들지 않는 듯 고쳐 묻고 다시 확인하는 과정이 보인다면 긍정적인 신호다. 이는 아이의 도구 통제력이 실제로 작동하고 있다는 증거이기 때문이다.

연산은 AI에게, 판단은 인간에게

AI 시대에 발생하는 성적 격차의 본질은 지능의 차이보다 역할

분담의 지혜에서 비롯될 것이다. 많은 학생이 사고와 판단을 기술에 떠넘기고, 주도권을 잃은 채 기계가 순식간에 처리할 단순 암기나 반복 연산에 매달리는 경향을 보인다. 반대로 상위권 학생들은 기술을 쓰는 방식부터 다르다. AI를 정답 생성기가 아니라 작업 도구로 두며, 계산, 번역 등 시간과 체력을 소모하는 영역은 AI로 빠르게 처리한다. 대신 결론을 내리고, 근거를 선택하며, 서로 다른 개념을 연결하는 핵심 작업은 자기 머리로 수행한다. 필요할 때 AI는 보조 역할로 불러오되, 마지막 판단만큼은 결코 넘기지 않는다.

기계와 인간의 업무 경계선을 긋는 감각은 단순한 지능 대결을 넘어선 도구 통제력의 실체다. 미래 교육의 성패는 아이를 시스템의 부속품으로 키울 것인지, 시스템을 지휘하는 주체로 키울 것인지에 달려 있다. 이러한 통제력을 얼마나 빠르게, 얼마나 단단하게 확보하느냐가 결국 아이의 학습 성과와 성장의 방향을 결정한다.

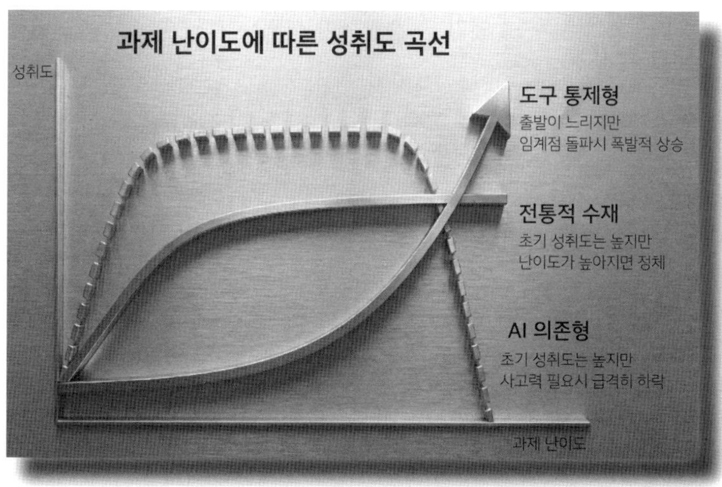

과제 난이도가 높아질수록 세 가지 유형의 인재는 서로 다른 성취도 곡선을 그린다.

전통적 수재형: 우수한 지능 덕분에 초기에 높은 성취를 보인다. 그러나 정보량이 뇌의 용량을 초과하고 난이도가 극도로 높아지면 한계에 직면한다. 그래프는 완만하게 하락하거나 정체된다.

AI 의존형: 초기에는 기술의 도움으로 과제를 신속히 해결하며 우수한 듯 보이지만, 복합적인 사고와 검증이 요구되는 구간에서 실력이 드러난다. 그래프는 절벽처럼 급락한다.

도구 통제형: 도구 활용법을 익히고 자신만의 논리를 세우느라 출발은 가장 느리다. 하지만 임계점을 넘어서는 순간 인간의 직관과 기술의 연산력이 시너지를 내며 폭발적으로 상승한다. 한계를 뚫고 도약하는 J커브를 그린다.

기술을 압도하는 인간은 존재하기 어렵다. 하지만 기술을 주체적으로 운용하는 인간은 그렇지 못한 이들을 압도하게 될 것이다.

끊임없는 추천 알고리즘 속에서
내 공부를 지키는 법

생성형 AI만큼이나 아이의 학습 주도권을 빼앗는 또 하나의 AI가 있다. 바로 추천 알고리즘이다.

"선생님, 분명 수학 강의를 보려고 유튜브를 켰는데 정신을 차려 보니 두 시간 동안 공부 자극 영상만 멍하니 보고 있었어요."

이런 고백은 이제 낯설지 않다. 아이들만 탓할 수 없는 이유는 대결의 상대가 본질적으로 다르기 때문이다. 거대 플랫폼 기업들은 막대한 자원과 인력을 투입해 사용자의 체류 시간을 늘리는 알고리즘을 고도화해 왔다. 그들이 천문학적인 비용을 들여 연구하는 목표는 사용자의 주의력을 붙잡아 앱 안에 머무는 시간을 단 몇 초라도 더 늘리는 일이다. 이들이 개발한 강력한 도구가 바로 사용자의 취향과 약점을 정밀하게 분석하는 추천 알고리즘이다.

우려되는 지점은 이 알고리즘의 설계 목적이 학생의 성장이나 성적 향상이 아니라, 체류 시간 증대에 있다는 사실이다. 알고리즘의 관점에서 아이가 난해한 미적분 강의를 보며 고심하는 상황은 일종의 위기다. 지루함을 느끼고 앱을 종료할 확률이 높기 때문이다.

알고리즘은 필사적으로 학생을 유혹한다. 학습 영상 옆에 슬그머니 짧고 자극적인 영상, 도파민을 건드리는 썸네일, '수학 포기자도 단번에 1등급 받는 비결' 같은 제목을 배치한다. 아이는 본래의 학습 목표를 잊고 거대한 흐름에 휩쓸려 의도치 않은 방향으로 표류하게 된다. 이것이 AI 시대의 가장 은밀하고 위협적인 함정인 알고리즘 표류다.

이 함정에서 벗어나는 방법은 의외로 간단하다. 공부의 성패는 의지의 강도가 아니라, 환경을 설계하는 능력에서 갈리기 때문이다. 아이는 영상 플랫폼을 공부 공간으로 착각하면 안 된다. 플랫폼은 학습을 돕는 도구가 아니라 체류 시간을 늘리는 장치이며, 공부는 그 안에서 우연히 발생하는 부수 효과일 뿐이다. 따라서 아이가 해야 할 일은 알고리즘과 싸우는 것이 아니라, 알고리즘이 개입할 여지를 줄이는 것이다. 필요한 강의는 미리 목록을 정해 두고, 검색을 활용하고 추천을 최소화하며, 짧은 영상과 자동 재생 같은 유혹 장치를 끄는 습관을 만들어야 한다. AI 시대의 공부는 의지가 아니라 환경설정이 지켜줄 수 있다.

공부라는 가면을 쓴 콘텐츠 소비

부모가 경계해야 할 진정한 대상은 게임이나 연예인 영상이 아니다. 오히려 학습이라는 명목 아래 제공되는 흥미 위주의 콘텐츠가 더 위협적이다. 자녀가 책상에 앉아 유명 강사의 문제 풀이 영상을 시청하고 있으면 안도감을 느끼기 쉽지만, 이는 착각인 경우가 많다. 뇌의 실상은 능동적인 학습이 아니라 편안한 관람에 머물러 있기 때문이다. 축구 경기를 관람하는 관중이 자신을 선수라고 오해하는 것과 비슷한 현상이다.

유튜브와 숏폼 플랫폼에는 '3분 수능 영어', '3초 풀이법'처럼 자극적인 제목이 넘쳐난다. 이런 스낵 지식 영상은 즉각적인 만족감을 주며 학생이 원리를 이해했다는 착각을 심어주는데, 이를 '유창성의 환상'이라 부른다. 화면 속 설명은 술술 이해되지만, 막상 펜을 잡고 시험지를 마주하면 단 한 줄의 식도 쓰지 못하는 일이 벌어지는 것이다. 가볍게 훑은 정보는 뇌가 치열하게 소화해 내 것으로 만든 지식과는 본질적으로 다르다.

알고리즘은 소비하기 편한 형태의 지식만을 사용자 앞에 배치한다. 어떤 시스템도 지루하지만 필수적인 교과서 정독이나 고난도 문항 풀이를 우선적으로 추천하지 않는다. 학생이 지루함을 느끼고 이탈하는 순간, 플랫폼의 상업적 가치가 떨어지기 때문이다. 친절한 안내를 따라가다 보면 어느새 성장을 만드는 본질적인 학습 궤도에서 벗어나, 공부하는 기분만 주는 정보의 바다를 표류하게 된다.

우리는 학생의 학습 경로가 어디로 향하는지 점검해야 한다.

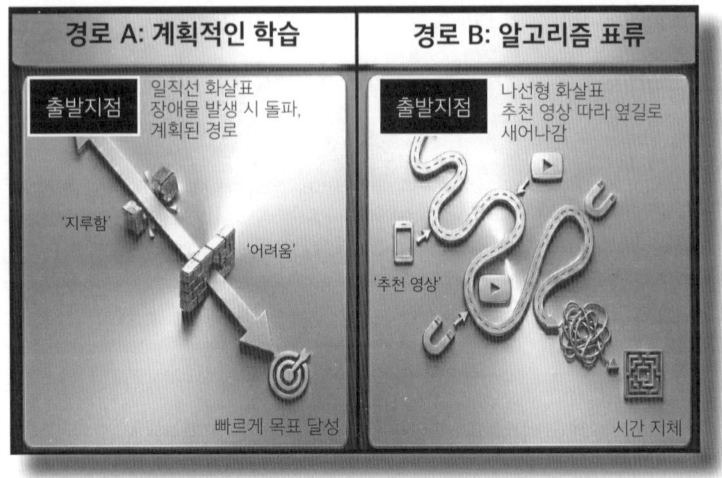

경로 A: 계획적인 학습 목표를 향해 직선으로 뻗은 화살표다. 지루함이나 장애물이 나타나도 스스로 계획한 경로를 유지하며 돌파한다. 학생이 항로의 주인임을 보여준다.

경로 B: 알고리즘 표류 추천 영상을 따라 곁길로 새어 나가는 나선형 구조다. 유용한 정보라는 명목 아래 항로를 이탈하며 결국 오랜 시간이 걸려 목표 지점에 겨우 도달한다.

플랫폼의 알고리즘은 사용자를 목적지로 안내하지 않는다. 그들의 목적은 사용자를 최대한 오래 그곳에 붙잡아두는 것이다.

자동 재생 기능을 해제하는 것이 주도권 확보의 시작이다

교묘하게 설계된 추천 알고리즘에 대응하는 가장 확실한 방책은 개인의 의지에만 기대지 않는 데 있다. 의지는 쉽게 소진되지만, 환경 설정은 꾸준히 작동한다. 따라서 학습용 기기와 영상 플랫폼의 자동 재생 기능을 먼저 해제해야 한다. 영상이 끝난 직후 생각할 틈을 주지 않고 다음 영상으로 끌고 가는 구조 자체가 함정이기 때문이다. 자동 재생을 비활성화하면 영상이 끝난 뒤 정적과 함께 빈 화면이 남는다. 그 짧은 공백이 학생에게 '멈춤'을 돌려준다. 이때 아이는 무언가를 깨닫는다기보다, 다시 선택할 수 있게 된다. 계속 볼지, 멈출지, 계획한 진도로 돌아갈지 판단할 시간이 생긴다. 짧지만 강력한 멈춤의 순간은 학생을 알고리즘의 흐름에서 끊어내고, 공부의 주도권을 다시 손에 쥐게 하는 실질적인 해결책이 될 수 있다.

홈 화면이라는 함정을 우회하라

학습을 목적으로 플랫폼에 접속할 때는 무방비 상태로 홈 화면을 거치지 않도록 훈련해야 한다. 홈 화면은 사용자의 취향을 정밀하게 겨냥한 자극 요소들로 가득 채운 유혹의 집합체이기 때문이다. 따라서 주도권을 확보하려면 반드시 검색 중심의 접근법을 습관화해야 한다. 첫 화면에서 이미 승부가 결정되기 때문이다. 브라우저 시작 페이지를 아무것도 뜨지 않는 공백으로 설정해 초기 자극을 원천 차단하고, 접속하자마자 홈 화면을 훑지 말고 곧바로 검색창으로 직행해야 한다. 이때 중요한 것은 대충 관련된 것을 찾는 것이 아니라, 처음부터 찾고자 하는 명확한 키워드를 입력해 알고리즘의 개입 여지를 줄이는 일이다. 필요한 영상 하나만 골라 시청한 뒤에는 지체 없이 애플리케이션을 종료하는 습관도 필요하다. 이를 '치고 빠지기 전략'이라 부를 수 있다. 필요한 정보만 신속하게 확보하고 곧바로 이탈하는 태도는 게릴라 전술과 같다. 알고리즘이 사용자를 붙잡아 두기 전에 먼저 빠져나오는 것이 핵심이다.

나만의 플레이리스트가 곧 교과서다

알고리즘의 추천을 거부하는 행위는 단순히 영상을 보지 않는다는 소극적 차원을 넘어선다. 그것은 학습의 흐름을 플랫폼이 아니라 자신이 설계하겠다는 주체적인 선언이기도 하다. 최상위권 학생들은 기계가 무작위로 권하는 영상을 수동적으로 소비하지 않는다. 스스로 검증하고 엄선한 자료들로 독자적인 재생목록을 구성하고, 그 목록을 하나의 교과서처럼 관리한다.

중학교 2학년 과학에서 '전기' 단원이 약점이라면, 먼저 개념을 확립하기 위한 EBS 기초 강의를 배치한다. 다음으로는 원리 이해를 돕는 3D 실험 영상이나 시각 자료를 넣어 직관을 확보한다. 마지막에는 변별력을 위한 고난도 심화 해설을 연결해 실전 적용까지 마무리한다. 학생은 이 순서를 임의로 바꾸지 않고, 계획된 흐름대로 따라가며 약점을 구조적으로 보완한다. 이들은 학습 시간에 미리 설정한 목록만을 순차적으로 재생한다. 화면 측면에 나타나는 추천 영상은 학습에 도움이 되는 정보가 아니라, 주의력을 빼앗는 잡음으로 간주해 철저히 배제한다. 현명한 학생에게 온라인 공간은 빠져나오기 힘든 유혹의 바다가 아니다. 필요한 지식의 재료를 신속하게 조달하는 거대한 물류 창고에 불과하다.

내비게이션을 종료하고 지도를 펼쳐라

알고리즘은 세상에서 가장 친절한 최첨단 내비게이션처럼 작동한다. 사용자가 운전대를 잡기도 전에 더 재미있고 더 쉬운 길을 제시하며 끊임없이 방향을 바꿔 놓는다. 그러나 냉정하게 직시해야 할 사실이 있다. 기술이 설정한 최종 목적지는 학생의 성취나 지적 성장이 아니다. 그것은 사용자의 체류 시간을 늘리고 광고 수익을 극대화하는 방향으로 최적화되어 있을 뿐이다.

학습의 주도권을 지키는 방법은 단순하다. 알고리즘이 제공하는 편리한 추천을 그대로 따라가지 않고, 직접 검색어를 입력하는 번거로운 과정을 기꺼이 선택하는 일이다. 내비게이션을 끄고 지도를 펼치는 순간 길의 주도권은 다시 사용자에게 돌아온다. 무의식적으로 화면을 누르려는 손동작을 멈추고, 클릭하기 전에 스스로에게 질문해야 한다. 지금 보려는 영상은 내가 목표를 가지고 선택한 것인가, 아니면 알고리즘이 만든 흐름에 떠밀린 결과인가.

이 질문에 즉각 확신할 수 없다면 망설임 없이 애플리케이션을 종료해야 한다. 학생의 귀중한 시간과 집중력은 거대 플랫폼의 수익을 위해 소모되기에는 너무 값비싼 자산이기 때문이다.

자기주도성이 도구다, AI를 자유자재로 다루는 아이

제 4 장

문해력:

AI 요약본을 검증하고
내 것으로 만드는 아이

AI 요약본은
결과일 뿐 과정이 아니다

"선생님, 긴 글을 직접 읽는 사람은 이제 거의 없어요. AI에게 세 줄 요약을 요청하면 몇 초 만에 해결되니까요."

교실에서 독서 지도를 하는 교사들이 흔히 접하는 상황이다. 디지털 기기에 익숙한 세대일수록 학습에서도 효율성을 강하게 추구하는 경향이 나타난다. 빽빽한 텍스트를 인내하며 읽는 행위를, 편리한 도구를 두고 굳이 힘으로 버티는 비효율적인 노동이라 여기는 경우도 많다. 특히 짧고 자극적인 영상 콘텐츠에 익숙해진 아이들 중 일부는 긴 텍스트 앞에서 정적을 견디기 어려워하는 모습을 보이기도 한다.

이 현상을 가속화한 요인 중 하나는 AI의 강력하고 편리한 요약 기능이다. 과거에는 과제를 완수하기 위해 싫더라도 텍스트를 읽어야 했지만, 이제는 버튼 하나로 복잡한 논문이나 두꺼운 고전을 순식간에 핵심 내용으로 압축할 수 있다. 매끄러운 요약본을 훑어

보고 내용을 모두 파악했다고 착각하며 안도하는 아이들도 많다. 그러나 이는 단편적인 정보의 습득일 뿐, 본질적인 문해력의 확보와는 거리가 멀다. 정보의 단순한 소유와 문해력 사이에는 분명한 간극이 존재한다.

문해력은 단순히 글자를 해독해 정보를 추출하는 기술을 넘어, 의미를 추론하고 맥락을 연결하는 능력까지 포함한다. 거친 텍스트의 숲을 헤치며 길을 찾고, 행간에 숨은 의도를 짚어내며, 문장과 문장 사이의 논리적 연결을 스스로 구성해 머릿속에 지식의 구조를 세우는 사고의 과정이기도 하다. AI 요약본은 경우에 따라, 뇌가 감당해야 할 이 구축 과정을 생략한 채 결과만 빠르게 소비하는 방식으로 쓰이기 쉽다.

헬리콥터로 정상에 오르면 다리 근육은 생기지 않는다

독서라는 행위는 힘준한 산을 오르는 등산과 같다. 땀을 흘리며 산에 오르는 목적은 두 가지다. 정상에서 내려다보는 풍경인 지식을 얻는 일, 그리고 숨이 차오르는 과정을 견디며 사고력과 문해력이라는 단단한 근육을 기르는 일이다.

AI가 제공하는 요약 기능은 등산로 입구에서 정상까지 단숨에 데려다주는 헬리콥터와 같다. 힘들이지 않고 순식간에 고지에 도착해 '소설의 주제는 권선징악이다', '환경 보호를 위해 플라스틱 사용을 규제해야 한다' 같은 결론을 빠르게 얻는다. 풍경을 감상하고 정보를 얻었으니 겉으로는 같은 성취처럼 보인다. 그러나 땀 흘리는 과정이 통째로 생략되었기에 아이의 읽기 근육은 자극받지 못한 채 그대로 남게 된다.

요약에 익숙해진 아이는 수능 국어처럼 고난도 독해 상황에서 초반부터 큰 부담을 느낄 가능성이 커진다. 수능 국어는 단순히 요지를 아는 능력보다, 낯선 텍스트를 끝까지 읽어 구조를 파악하고 논리의 흐름을 따라가는 능력을 더 강하게 요구한다. 생전 처음 보는 난해한 글을 읽어내고 문단 간 관계를 파악하는 기초 체력을 혹독하게 테스트하는 시험이기 때문이다. 부드러운 요약본에 길들여진 아이는 복잡한 문장을 마주하는 순간 곧바로 피로를 느끼고, 읽기를 포기하는 습관이 생길 수 있다. 지금 아이가 독해라는 운동을 하고 있는지, 요약이라는 편안한 관람을 하고 있는지 냉정하게 구분해야 한다.

직접 독해는 웨이트 트레이닝과 같다. 모르는 단어의 뜻을 문맥으로 유추하고, 복잡한 문장 구조를 머릿속에서 분해해 다시 조립하며, 문단 사이의 논리적 연결을 능동적으로 구성한다. 이 과정에서 뇌는 부담이 큰 고부하 상태가 되지만, 바로 그 지점에서 사고 회로가 강화되기 시작하며, 반복될수록 낯선 글을 만나도 끝까지 읽어내는 사고의 근육이 축적된다. 반대로 AI 요약에만 의존하는 독서는 마사지에 가깝다. AI가 소화하기 쉽게 가공해 준 텍스트를 저항 없이 수용하는 방식이기 때문이다. 뇌는 저부하 상태로 머물고,

부담이 적은 만큼 이해했다는 착각도 쉽게 생긴다. 그러나 쓰지 않는 근육이 점차 소실되는 것처럼 긴 글을 마주하면 금세 피로해지고, 텍스트 자체를 회피하는 경향이 강화될 수 있다.

편안한 독서는 학습이 아니다. 운동할 때 근육이 자극을 받아야 몸이 강해지듯, 읽을 때도 사고가 버거워지는 구간을 통과해야 실력이 된다. 특히 문학 작품은 요약되는 순간 정보만 남고 감정이 증발한다. AI는 이렇게 요약했다.

"소나기가 내려 소년과 소녀는 원두막으로 피했다. 소녀는 추위를 느꼈고 소년은 옷을 덮어주었다. 이후 소녀는 병으로 죽었다."

정보는 전달되지만, 문학이 남기는 떨림은 거의 느껴지지 않는다. 반면 원문은 감정을 전달한다.

"소년은 저도 모르게 주머니 속 호두 알을 만지작거렸다. 보랏빛이 도는 소녀의 입술이 파르르 떨리고 있었다."

요약에는 '떨림'이 없다.

저항이 없으면 통찰도 없다

근육을 단련해 본 사람들은 가벼운 기구만 반복해서는 몸이 변화하지 않는다는 사실을 알고 있다. 근육은 감당하기 버거운 무게를 들어 올릴 때, 중력의 저항을 견디며 섬유가 미세하게 손상되는 과정을 거쳐 비로소 더 크고 단단하게 성장한다.

독서와 학습의 원리 역시 이와 다르지 않다. 막힘없이 페이지가 넘어가는 쉬운 글은 당장의 성취감을 줄 수는 있어도 문해력을 확장하는 데는 크게 기여하지 못한다. 진정한 학습은 텍스트를 읽다 사고가 멈추는 순간 시작된다. 뜻이 잡히지 않아 되묻게 되는 문장, 낯선 단어 때문에 흐름이 끊기는 구간, 주어와 서술어조차 한 번에 잡히지 않는 긴 문장 앞에서 비로소 뇌는 일을 하기 시작한다. 아이들이 공부하며 마주하는 막막함과 지루함은 뇌가 느끼는 지적 저항이다. 뇌가 고도화되는 시점은 이 불쾌한 저항을 통과할 때다. 이해되지 않는 앞 문장으로 돌아가 맥락을 다시 살피고, 단어의 의미를 유추하며, 저자의 의도를 추적하는 시간은 결코 낭비가 아니다. 겉보기에는 비효율적으로 보여도, 바로 그 치열한 인지적 투쟁의 시간 동안 사고의 회로는 더 촘촘해지고 단단해진다.

문제는 AI가 이 성장에 필수적인 저항을 너무 쉽게 무력화한다는 점이다. 거친 텍스트의 표면을 매끄럽고 친절하게 다듬어, 씹을 필요조차 없는 형태로 가공해 주기 때문이다. 아이들은 편리함에 환호하지만, 무중력 공간에서 근육이 퇴화하듯 지적 저항이 제거된 환경에서는 문해력의 성장을 기대하기 어렵다. 어렵고 난해한 텍스트를 끝까지 밀고 들어가며 의미를 찾아내는 훈련을 해야하며, 이러한 과정을 거친 아이는 어떤 난관 앞에서도 쉽게 무너지지 않는 단단한 지적 체력을 갖추게 된다.

AI 요약 활용의 정석 샌드위치 독서법

문해력을 보호하기 위해 기술을 전면 금지하거나 기기를 압수하는 방식은 근본적인 해결책이 아니다. 핵심은 기술 활용의 시점에 있다. 텍스트를 직접 읽는 과정에는 기술을 개입시키지 않고, 읽기 전과 읽은 후에만 배치하는 방식이다. 인간의 독서 행위를 AI가 앞뒤에서 보조하는 형태이기에 이를 '샌드위치 독서법'이라 부르기도 한다.

1단계: 읽기 전 — 예열하기

배경지식이 전무한 상태에서 어려운 고전이나 전문 칼럼을 접하면 몰입하기 어렵다. 이때 AI를 가이드로 활용할 수 있다. 다만 줄거리나 결론을 미리 받는 방식은 지양해야 한다.

"『데미안』을 읽으려고 하는데, 1차 세계대전 직후 시대 분위기랑 헤세가 어떤 생각을 가진 작가였는지만 정리해 줘. 내용 요약은 하지 말아 줘."

배경지식을 먼저 확보하면 텍스트를 수용할 준비가 갖춰지고, 독서의 진입 장벽이 낮아진다.

2단계: 읽는 중 — 근력 운동

샌드위치의 핵심 내용물에 해당하는 가장 중요한 구간이다. 여기서는 AI 접근 금지 구역을 설정해야 한다. 오직 텍스트와 학생의 사고만이 존재해야 한다. 읽다가 난해한 문장을 만나도 즉시 검색하거나 요약을 요청하지 않고, 앞뒤 맥락을 통해 스스로 의미를 유추하며 끝까지 읽어낸다. 답답함을 견디는 과정은 사고력이 형성되는 결정적인 시간이다. 이 구간을 기계에 양보하는 순간, 독서는 결과만 남고 사고력의 근육은 남지 않는다.

3단계: 읽은 후 — 검증하기

치열한 독서가 끝난 뒤에 다시 기술을 활용한다. 이때도 요약을 받는 것이 목적은 아니다. 자신의 해석이 타당한지 점검하고, 놓친 관점을 발견하기 위한 토론 파트너로 AI를 활용하는 것이다.

"『데미안』에서 '알을 깨고 나오는 과정'을 자아의 탄생이라고 해석했어. 이 해석이 말이 되는지 비판해 줘. 내가 놓친 상징이 있으면 같이 분석해 줘."

주관적 해석과 외부의 논리를 대조하는 과정에서 사고의 지평은 넓어진다. 그러나 문해력이 약한 학생들은 고된 2단계를 생략하고 곧바로 결과인 3단계로 넘어가려 한다. 부모는 이 지점을 명확하게 알려주어야 한다. AI 요약은 산을 오른 뒤 확인하는 지도일 뿐이다. 지도를 가졌다고 해서 산을 직접 오른 것은 아니다. 땀 흘려 오르지 않으면 근육은 생기지 않는다.

요약되지 않은 것을 읽어내는 힘

세상의 중요하고 소중한 진실은 AI가 제공하는 세 줄 요약만으로는 압축될 수 없다는 사실을 아이들에게 가르쳐야 한다. 사랑하는 이의 미묘하게 떨리는 심경, 복잡하게 얽힌 국제 정세, 인간 내면의 모순적이고 이중적인 태도는 단편적인 요약본이 아니라 긴 텍스트의 깊은 맥락 속에 존재한다.

빠르고 명쾌한 요약본만 섭취하며 성장한 아이는 세상을 지나치게 단순하게 인식하기 쉽다. 이들의 시야에는 세상이 정답 아니면 오답, 흑 아니면 백이라는 이분법으로만 비칠 수 있다. 행간에 숨은 타인의 의도나 상황의 이면을 읽어내지 못하면, 갈등을 해결하기보다 오히려 증폭시키는 선택을 반복하게 된다.

다가올 AI 시대에 경쟁력을 갖추게 될 아이는 남들이 번거롭다며 기술에 요약을 맡기고 결과만을 쫓을 때, 묵묵히 원문을 펼쳐 드는 아이다. "그래서 결론이 무엇인가, 한 문장으로 말해 달라"라는 성급한 흐름에 휩쓸리지 않고, "표면에 드러난 것이 전부가 아니니 맥락을 더 깊이 살펴야 한다"라고 말하며 멈출 줄 아는 역량이 필요하다. 결국 깊이 있는 사유를 실천하는 아이가 시스템을 활용하는 주체로 성장할 것이다. AI는 많은 정보를 요약할 수 있지만, 인간이 스스로 겪으며 축적하는 판단의 깊이까지 대신 만들어 주지는 못하기 때문이다.

AI에게 초안을 맡기고 편집장이 되어라

"자, 이번 주 수행평가는 독후감 쓰기다."

교실에 공지가 전달되는 순간 학생들의 안색은 급격히 어두워진다. 곳곳에서 무거운 탄식이 새어 나온다. 백지 상태의 용지와 화면 위에서 깜빡이는 커서는 단순한 도구를 넘어 부담의 상징이 된다.

"도대체 첫 문장은 어떻게 시작해야 하지?", "문단은 어디서 나눠야 하고 결론은 뭐라고 써야 해?"

막막함이 커질수록 사고는 멈추고 손이 굳어진다. 결국 한 줄도 쓰지 못한 채 시간이 점점 흘러가고, 마감이 다가오면 인터넷 글이나 타인의 문장을 무분별하게 가져오는 유혹에 빠지기 쉽다.

이 장면은 한국 교육 현장에서 오랫동안 반복되어 온 글쓰기 학습의 한계를 보여준다. 글쓰기는 단순한 국어 과제가 아니라 고도의 인지 역량이 요구되는 종합적인 지적 활동이다. 자료를 찾고, 생각을 정리하고, 논리를 세우고, 문장으로 옮긴 뒤 다시 고치는 과정까지 모두 포함된다. 현실에서는 많은 학생이 이 방대한 과정을 충분한 발판 없이 홀로 감당해야 한다고 느끼게 된다. 이는 건축 초보자에게 설계와 시공을 동시에 맡기는 것과 다르지 않으며, 글쓰기에 대한 거부감은 자연스럽게 커질 수밖에 없다. 그러나 이제는 생성형 AI가 보편화되며 글쓰기를 바라보는 관점도 빠르게 전환되고 있다. 기술이 제안한 초안을 비판적으로 검토하고 정교하게 다듬는 편집 역량이 새로운 핵심 가치로 부상하고 있다. 거친 원석 같은 초안을 보석으로 정제하는 능력이 요구되는 시대가 도래한 것이다. 홀로 완성하던 창작자의 시대를 지나, 협업과 편집 역량을 갖춘 사람이 경쟁력을 갖는 시대가 열리고 있다.

작가가 되기보다 편집장의 시각을 갖춰야 한다

아이에게 처음부터 직접 글을 쓰라고 요구하면 본능적인 부담감과 거부감을 보이기 쉽다. 반대로 누군가의 글을 고쳐 보라고 제안하면 눈빛이 달라진다. 백지에서 시작하는 창작은 심리적 진입 장벽이 높지만, 이미 있는 글을 평가하고 다듬는 일은 부담이 훨씬 적기 때문이다. 무엇보다 평가자의 위치에 서는 순간 아이는 수동적인 학생이 아니라 주도권을 가진 판단자가 된다.

이 심리 기제를 학습에 적극적으로 활용할 필요가 있다. 아이를 글쓰기에 난항을 겪는 초보 작가로 두지 않고, 글의 방향을 결정하는 편집장으로 격상시켜 보는 것이다. 그리고 AI는 아이의 지시를 받아 초안을 만들어 주는 보조 도구로 배치한다.

편집장 역할은 다음의 3단계로 구성된다.

초안 발주

아이는 편집장이 되어 AI에게 초안을 요청한다. 이때 중요한 것은 '잘 써 달라'가 아니라, 최소한의 조건을 붙여 방향을 잡는 일이다. 아이는 이렇게 말한다. "『소나기』 독후감 초안 한 번 써 줘." 그리고 곧바로 덧붙인다. "줄거리만 요약하지 말고, 소년이 느낀 감정을 중심으로 써 줘." "초등학교 5학년이 읽을 수 있게 써 줘." 짧지만 명확한 요구를 몇 번에 나눠 던지는 방식이 현실적이다.

검수 및 빨간 펜

AI가 만든 초안을 그대로 제출하지 않는다. 아이는 교정자의 시선으로 글을 읽고 문제점을 찾아낸다. 예를 들면 "문장이 너무 길어서 읽기 힘들어. 문장을 짧게 끊어 줘.", "감정 표현이 너무 단순해. '슬펐다' 말고 더 구체적으로 써 줘.", "이 장면은 원작이랑 달라. 내용 다시 확인해 줘."처럼 지적한다. 이 과정에서 아이는 가독성, 표현력, 사실 검증이라는 글쓰기의 핵심 역량을 자연스럽게 훈련하게 된다.

최종 승인

지적 사항을 반영해 AI에게 재작성을 시키거나, 아이가 마지막 문단을 직접 고쳐 글을 완성한다. 최종적으로 승인하는 것이다.

이 일련의 과정에서 아이는 글쓰기에서 가장 고통스러운 '첫 문장 시작의 공포'를 우회하는 대신, 논리 구조를 설계하고 어휘를 선택하며 사실 관계를 점검하는 고차원적 사고에 집중한다. 기계적인 초안을 자신의 기준과 취향에 맞게 재구성하는 훈련은 AI 시대에 가장 현실적인 작문 수업이자 문해력 강화 전략이 될 것이다.

우수한 안목이 우수한 문장을 만든다

문장력이 부족한 학생들은 공통적으로 좋은 글과 나쁜 글을 판별하는 기준이 약할 수밖에 없다. 내면에 좋은 문장에 대한 기준이 확립되어 있지 않으니 자신의 글이 지닌 결함을 인지하지 못하고, 개선 방향도 찾기 어렵다. 미식가가 좋은 맛을 아는 만큼 요리를 잘하듯, 좋은 글을 알아보는 감각이 문장력의 출발점이 된다.

편집자 훈련을 반복하면 문장을 꿰뚫는 예리한 안목이 형성될 수 있다. AI가 생성한 문장은 문법적으로는 매끄럽지만, 표현이 기계적이고 상투적인 문장이 반복되는 경우가 많다. 대체적으로 감정의 결이 얇고, 문장이 안전한 방향으로만 흐르며, 인간의 체온이 느껴지지 않는다. 흥미로운 점은 학생들이 별도의 교육 없이도 이러한 결핍을 본능적으로 감지한다는 사실이다. "논리는 맞는데 재미가 없어요." "교과서처럼 딱딱해요."라는 반응이 그 증거다.

바로 이 지점이 교육적 전환점이 된다. 지루함을 인지하는 순간, 건조한 문장에 생명력을 불어넣기 위한 고민이 시작된다. "나만 아는 구체적인 경험을 넣어야겠다.", "설명만 하지 말고 대화 장면을 넣어야겠다.", "같은 말이라도 더 살아 있는 표현으로 바꿔야겠다." 라는 판단이 자연스럽게 따라온다.

이 치열한 수정의 과정에서 학생은 기능적인 작성자를 넘어 창조적인 표현의 영역으로 진입하게 된다. 앞으로 세상은 AI가 만들어내는 문장의 홍수에 직면하게 될 것이다. 그 속에서 사람의 마음을 움직이는 문장을 감별하고, 다시 만들어내는 능력은 더욱 중요해질 가능성이 크다. 이는 단순히 많이 쓰는 사람이 아니라, 수많은 문장을 비판적으로 분석하고 고쳐 본 편집자만이 갖출 수 있는 쉽게 대체되기 어려운 강점이다.

AI의 거짓말을 잡아내는 진실의 파수꾼

생성형 AI에게 글쓰기 초안을 맡기면 '할루시네이션'이라는 치명적인 결함과 마주하게 된다. 현재의 AI는 진실을 규명하는 장치라기보다, 문맥상 가장 그럴듯한 단어를 확률적으로 예측해 이어 붙이는 시스템이기 때문이다. 기술이 고도화되어도 AI는 때때로 사실과 다른 내용을 확신에 찬 문장으로 자연스럽게 출력한다. "갈릴레이가 만유인력 법칙을 발표했다" 같은 오류를 그럴듯한 설명과 함께 덧붙이는 일이 실제로 발생하곤 한다.

편집장 역할을 수행하는 학생에게 부여된 가장 중요한 임무는 바로 이 가짜 정보를 걸러내는 일이다. AI의 산출물을 맹신하지 않고,

의심할 지점을 찾아내며, 근거를 확인하는 습관을 가져야 한다. "이 말이 정말 사실일까?"라는 질문을 던지는 순간부터 학생의 사고력은 다시 주도권을 되찾는다.

이후 학생은 교과서나 신뢰도 높은 백과사전, 공신력 있는 자료를 찾아 교차 검증을 수행한다. 이 과정은 단순한 국어 작문의 영역을 넘어, 쏟아지는 정보의 진위를 가리는 디지털 리터러시 훈련이 된다. 텍스트를 비판적으로 읽고, 근거를 확인하며, 출처의 신뢰도를 판단하는 고도의 사고 과정이기 때문이다.

흥미로운 점은 방대한 내용을 처음부터 끝까지 조사해 글을 쓰게 하는 것보다, AI가 만든 문장에서 오류를 찾아내는 방식이 학생에게 더 흥미롭게 작동한다는 점이다. 완벽해 보이는 기술의 허점을 스스로 발견할 때마다 학생은 강한 성취감을 경험한다. 이 작은 승리들이 쌓이며 학습을 지속하는 동력이 만들어진다.

따라서 부모와 교사는 막연히 "검토해 봐"라고 요구하기보다, 구체적인 기준을 제시해 주어야 한다. '사실 여부', '근거 출처', '논리의 비약', '원문과의 일치' 같은 항목으로 간단한 점검표를 만들어 주면 학생은 훨씬 더 정확하고 적극적으로 AI의 글을 검수하게 된다. 다음은 AI가 써준 글을 확인해 보는 체크리스트다.

AI 글쓰기 편집 체크리스트

영역 (Area)	검수 항목 (The Editor's View)	확인 (Check)
Fact (사실 확인)	[진실의 눈] AI의 할루시네이션은 없는가? 연도, 통계, 인명, 사건의 인과관계가 정확한가?	☐ ☐
Logic (논리 흐름)	[이성의 눈] 문맥이 끊기지 않고 자연스러운가? 근거가 타당하며, 억지 논리는 없는가?	☐ ☐
Human Touch (인간적 매력)	[감성의 눈] 기계적인 말투를 걷어내었는가? 나만의 경험과 독창적인 생각이 포함되었는가?	☐ ☐

이 체크리스트에서 하나라도 통과하지 못하면 AI에게 가차 없이 다시 작성하라고 해야 한다.

AI를 능가하기 위해 AI를 지휘하라

AI가 집필을 대신하는 시대가 도래하면 인간의 문장력이 퇴보할 것이라는 우려가 제기되기도 한다. 그러나 이것은 절반의 진실에 가깝다. 미래 사회에서도 글쓰기 역량은 사라지지 않을 것이며, 오히려 남과 나를 구분하는 중요한 능력으로 남게 될 것이다. 다만 그 역량이 드러나는 방식이 달라질 뿐이다. 빈 화면을 채우는 노동 중심의 직접 생산에서, 결과물을 지휘하고 재구성하는 편집 중심의 능력으로 무게중심이 이동하게 된다. 벽돌을 직접 나르는 사람보다 전체 구조를 설계하고 완성도를 책임지는 사람이 더 중요한 시대가 되는 것이다.

초안을 기술에 맡기면 창의성이 저하될 것이라는 학부모의 걱정도 어느 정도는 일리가 있다. 하지만 창의성을 막는 진짜 장애물은 AI가 아니라 백지가 주는 공포인 경우가 많다. AI가 초안을 만들어 주면 학생은 맞춤법, 문장 연결, 기본적인 구성 같은 소모적인 작업에서 한숨 돌릴 수 있다. 그 대신 절약된 에너지를 논리 구조 설계, 표현의 생동감, 감정의 깊이, 정보의 진위 검증 같은 고차원적 사고에 투입할 수 있게 된다.

따라서 자녀에게 일기나 독후감 작성을 억지로 강요하며 갈등을 빚을 필요는 없다. 오히려 아이에게 작성자가 아니라 검수자의 역할을 부여하는 편이 더 효과적이다. 글을 쓰라고 몰아붙이기보다, 교정용 펜을 쥐여 주며 "이 글을 네가 더 좋게 만들어 줄래?"라고 요청하는 태도는 아이가 주도권을 다시 쥘 수 있게 해준다.

"AI가 초안을 하나 만들어 왔는데, 네가 한번 봐 줘. 어색한 부분 있으면 고쳐 주고, 네 말투로 다시 다듬어 줘."

이 요청을 받은 아이는 수동적인 학생이 아니라 문제를 해결하는 편집자가 된다. 진정한 문해력 수업은 바로 이 지점에서 시작된다.

AI와의 하브루타로
논리의 허점 파악하기

유대인의 학습 공간인 예시바를 방문한 사람들 중에는 의외의 장면에 놀라는 이들이 많다. 학습 공간이라기엔 너무 시끄럽기 때문이다. 그들은 칸막이 뒤에 숨기보다 둘씩 짝을 지어 마주 앉아 끊임없이 질문을 던지고, 상대의 주장에 반박하며, 논쟁을 이어 간다. 유대인 교육에서 널리 알려진 학습 방식 중 하나가 바로 '하브루타'인데, 둘이 짝을 이루어 질문하고 논박하며 이해를 깊게 만드는 방식이다. 말로 설명하고, 다시 반박을 받는 과정에서 사고는 단순 암기를 넘어 논리의 구조로 확장된다.

반면 한국의 교실과 도서관은 대체로 침묵이 지배하고 있다. 정숙함이 학습 태도의 기준으로 여겨지는 문화가 강하기 때문이다. 물론 질문이 허용되는 수업도 존재하지만, 학생 입장에서는 질문 자체가 부담스러운 경우가 많다. "괜히 분위기를 흐리는 건 아닐까"라는 눈치를 보게 되고, 반박이나 이의 제기는 무례로 오해받을까 봐 걱정하게 된다. 이런 환경에서는 사고가 부딪히며 단단해지기보다, 정답을 받아 적는 방식으로 굳어지기 쉽다.

하브루타 교육법의 우수성은 널리 알려져 있으나, 현실에서 이를 꾸준히 실천하기는 쉽지 않다. 자녀와 지적 수준이 대등하면서도 일정까지 맞출 수 있는 토론 파트너를 상시 확보하는 일은 사실상 어렵기 때문이다. 부모가 직접 상대가 되어 주는 것도 한계가 있다. 특히 사춘기 자녀의 경우, 대화 자체가 감정의 충돌로 번지지 않으면 다행일 정도가 현실이다.

이러한 한계를 보완하는 대안으로 AI가 부상한다. AI는 밤새 질문을 이어가도 지치지 않으며, 학생이 어떤 반박을 던져도 감정적으로 반응하지 않는다. 또한 방대한 데이터베이스를 바탕으로 다양한 관점을 제시할 수 있어, 현실적으로 매우 유용한 하브루타 파트너가 될 수 있다. 이때 중요한 것은 AI를 '정답 생성기'로 쓰는 것이 아니라, 내 논리를 시험하는 '반박하는 자'로 쓰는 방식이다. 학생은 AI에게 답을 묻기보다 "내 주장에 허점이 있는지 찾아 줘", "이 논리에서 가장 약한 전제가 무엇인지 지적해 줘"라고 요청하며 사고의 빈틈을 드러내야 한다. 하브루타의 핵심은 지식을 더하는 것이 아니라, 논리의 약점을 발견하고 다시 세우는 과정에 있다.

AI를 검색창이 아닌 사각의 링 위로 소환하라

대다수 학생은 AI를 성능 좋은 검색창이나 지식 자판기처럼 활용한다. "세종대왕 업적이 뭐야?" "임진왜란은 몇 년도야?"처럼 단순한 사실을 묻고 답을 받아 적는다. 이 방식은 정보 수집에는 유용하지만, 정작 사고의 훈련이 되기는 어렵다. 결과를 얻는 순간 대화가 끝나기 때문이다. 문해력과 사고력을 비약적으로 확장하려면 AI를 모니터 안에 가둔 채 정답만 받는 태도에서 벗어나, 기술을 '토론의 링' 위로 끌어올려야 한다. 핵심은 정답을 요청하는 것이 아니라, 내 생각을 시험하는 상대를 세우는 데 있다. 이를 '논리 스파링'이라 부를 수 있다. 복싱 선수가 샌드백만 치지 않고 실전 스파링을 통해 반응 속도와 맷집을 기르듯, 학생도 AI라는 강한 상대와 맞붙어 논리적 대응력을 길러야 한다. 이때 필요한 것은 거창한 명령이 아니라, AI의 역할을 분명히 지정하는 간단한 요청이다.

"내 주장에 반대하는 입장에서 반박해 줘. 그리고 내가 놓친 약점을 3개만 찾아 줘." 혹은 "이 주장에 대해 가장 강한 반론을 만들어 줘. 내가 다시 반박해 볼게."라고 요청한다.

이렇게 역할을 바꾸는 순간, AI는 순응적인 도우미가 아니라 비판적 토론자 역할로 전환된다.

가령 학생이 "학교 매점에서 탄산음료 판매를 자율화해야 한다"라는 주장을 한다고 해 보자. AI는 다음과 같이 반박할 수 있다.

"첫째, 학교는 학생의 건강을 보호해야 하는 공간인데 탄산음료 판매는 그 목적과 충돌할 수 있습니다. 둘째, 당류 섭취가 늘면 비만이나 건강 문제로 이어질 가능성이 있습니다. 셋째, 자율화가 오히려 저학년이나 자기조절이 약한 학생에게 불리하게 작동할 수 있다. 이런 반론에 대해 당신은 어떤 근거로 설득할 건가요?"

학생은 당황한다. 그러나 바로 그 순간 뇌는 각성하고, 공격을 방어하기 위해 사고력을 총동원하며, 개인의 선택권, 과도한 규제의 역효과, 균형 잡힌 대안인 판매 시간 제한, 무가당 음료 병행 등을 새롭게 찾아내기 시작한다. 짧은 시간이라도 치열한 문답이 오가는 경험은, 수동적으로 설명을 듣는 학습보다 훨씬 강한 사고 훈련이 된다.

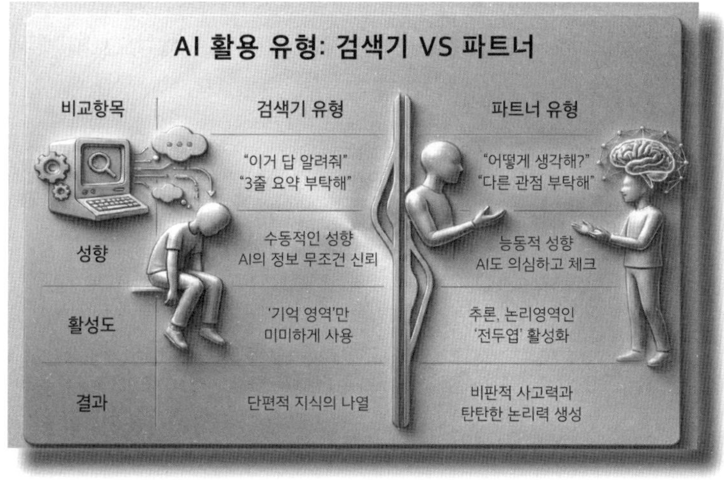

사고의 확장을 경험하는 흥부전 재해석

문해력의 진정한 가치는 저자의 서술을 무비판적으로 받아들이는 데 있지 않다. 텍스트에 의문을 제기하고, 다른 관점으로 비틀어 보며, 숨은 전제를 찾아내는 비판적 읽기에서 문해력은 비로소 힘을 발휘한다. 당연하게 받아들이던 고전을 분석의 대상으로 삼는 순간, 학생의 사고는 한 단계 확장된다. 전래동화『흥부전』을 사례로 살펴보자. 많은 학생들은 이렇게 정리할 것이다.

"흥부는 착해서 복을 받았고, 놀부는 나빠서 벌을 받았다. 그러니 착하게 살아야 한다."

이는 틀린 해석은 아니지만, 텍스트를 한 번도 흔들어 보지 않은 평면적인 독해에 머문다. 여기서 학생에게 비평가 역할을 부여하고, AI를 토론 상대로 세우면 이야기는 전혀 다른 차원으로 전개된다. AI에게 요청해 보자.

"흥부전에서 놀부 편도 한번 들어 줘. 놀부가 무조건 악인인지 다시 생각해 보고 싶어."

그리고 학생은 자신의 주장부터 던진다.

"현대 자본주의 관점에서 보면 놀부는 흥부보다 경제 감각이 있는 가장이야. 자기 재산을 지키려는 걸 무조건 죄악이라고 할 수는 없지 않을까?"

AI는 이에 대해 이렇게 반박할 수 있다.

"그 관점은 현실적입니다. 다만 놀부의 부는 노력으로 쌓은 것이라기보다 유산을 독점하고 동생을 내쫓는 방식에서 비롯되었습니다. 과정이 불공정했다면, 결과로 정당화될 수 있을까요?"

학생은 다시 반박한다.

"과정이 중요하다는 건 인정해. 그런데 홍부도 마냥 선하다고 보기 어렵지 않아? 대책 없이 가족을 방치해서 아이들이 굶게 만든 건 부모로서 무책임한 행동이야."

학생의 반박에 대해 여기서 한 번 더 질문을 던진다.

"그렇다면 어떤 문제가 더 큰가요? 도덕적 결함이 있지만 가족을 먹여 살리는 사람과, 선한 마음은 있으나 가족을 빈곤에 빠뜨리는 사람 중 누가 더 책임 있는가? 그리고 그 기준은 무엇인가요?"

짧은 문답 속에서 학생은 권선징악의 단순한 세계관을 넘어선다. 부의 정당성, 가족의 책임, 윤리적 딜레마 같은 고차원적 질문을 자연스럽게 탐구하게 된다. 혼자 읽었다면 쉽게 도달하기 어려운 사유의 깊이다. AI가 던지는 반박은 경직된 사고를 흔들어 깨우는 자극제가 된다.

결국 학생이 AI를 어떻게 쓰느냐에 따라 학습의 결과가 달라진다. AI를 검색창처럼 쓰면 정보는 늘어날 수 있으나 사고는 확장되지 않는다. 반대로 AI를 토론 파트너로 세우면 학생은 스스로 근거를 세우고 논리를 점검하는 훈련을 하게 된다. AI에 정답만 요청하는 것이 아니라, 논쟁을 통해 자기만의 해답을 구축하는 태도가 핵심이다.

프롬프트 자체가 문해력이다

AI를 교육적 파트너로 활용하기 위한 전제 조건은 원하는 상황과 조건을 정확히 설명하는 능력이다. 대화의 질은 기술의 지능만으로 결정되지 않는다. 오히려 학생이 얼마나 구체적으로 말할 수 있는지, 즉 언어 역량에 의해 크게 좌우된다. 맥락 없이 "심심하니까 토론하자"라고 말하면 뻔한 답변만 돌아온다. 낮은 수준의 질문에는 낮은 수준의 답변이 따라올 뿐이다. 문해력이 좋은 학생은 AI에게 정밀한 설계도를 제시한다. 이렇게 요청해 보자.

"촉법소년 나이를 낮추자는 주장에 대해 자료가 필요해. 감정적인 표현은 빼고, 법이나 제도 관점에서 찬성 근거를 3개만 정리해 줘. 중2가 이해할 수 있는 말로 써 줘."

추상적인 요구를 명확한 언어로 구조화해 전달하는 능력은 단순한 기술이 아니다. 이는 새로운 차원의 문해력, 즉 '프롬프트 리터러시'라 부를 수 있다.

AI가 기대와 다른 결과물을 내놓는다면, 그 원인은 AI의 성능보다 질문의 모호함이나 조건의 부족에 있는 경우가 많다. AI는 사용자의 의도를 알아서 짐작하기보다 입력된 조건을 바탕으로 답을 구성하는 도구다. 결국 AI의 답변은 학생이 던진 질문의 구체성을 반영하는 거울이다. 질문이 불분명하면 답변도 흐릿해지고, 질문이 정교하면 결과도 선명해진다. 원하는 수준의 답이 아닌 경우 부모는 자녀와 함께 원인을 분석하며 코칭해야 한다.

"지금은 조건이 부족해서 AI가 방향을 잘못 잡은 것 같아. 누가, 무엇을, 어떤 관점에서, 어느 수준으로 써야 하는지 다시 해보자."

이런 피드백 과정을 반복하면 학생은 자신의 생각을 재구성하고, 더 정확한 언어로 표현하는 법을 익히게 된다. 기술을 자기 손발처럼 다루는 학생이 서술형 문항에서도 논리적인 답안을 써내는 경우가 많아지는 이유가 여기에 있다.

프롬프트를 정교하게 만드는 방법은 어렵지 않다. 학생이 던져야 할 질문의 핵심 요소는 다섯 가지다. 무엇을 다룰지, 어떤 관점에서 볼지, 누구를 대상으로 쓸지, 어떤 형태로 정리할지, 무엇을 하지 말아야 할지다. 이 다섯 가지가 들어가는 순간 AI는 검색창이 아니라 사고 파트너로 작동하기 시작한다.

질문하는 아이는 기술에 대체되지 않는다

앨빈 토플러를 비롯한 많은 미래학자들은 한 가지를 공통적으로 강조해 왔다. 해답을 제시하는 기능적 업무는 점점 기술이 담당하게 되고, 인간에게 남는 가치는 '무엇을 묻느냐'에 달려 있다는 점이다. 결국 미래 사회에서 중요한 역량은 정답을 빨리 찾는 능력이 아니라, 질문을 설계하는 능력이다.

우리가 지향하는 AI 하브루타는 단순히 정답을 신속히 도출하는 과정이 아니다. 보편적인 사실에 의문을 제기하고, 문제의 핵심을 꿰뚫는 질문을 던지는 고도의 사유 훈련이다. 세상에 정답이 넘쳐날수록, 가치 있는 자산은 오히려 예리한 질문이 된다.

기술은 종종 유창하지만 논리적으로 허술한 답변을 제시하기도 한다. 매끄러운 문장 속에 숨은 모순을 발견하고, "앞의 설명과 지금의 결론이 맞지 않아. 근거를 다시 제시해 줘"라고 요구할 수 있어야 한다. 이 태도가 바로 사고의 주도권이다.

이런 학생은 AI 시대의 무기력한 소비자로 남지 않고, 기술이 생산한 결과물을 한 단계 위에서 검수하고 방향을 조정하며 최종 판단을 내리는 사람으로 성장할 것이다. 따라서 자녀가 AI와 치열하게 논쟁하는 시간은 결코 낭비가 아니다. 소란스러워 보이는 그 순간들이야말로, 훗날 아이를 대체 불가능한 존재로 만들어 주는 가장 강력한 훈련이 될 것이다.

제 5 장

외국어:

원어민 교사를 넘어선 주머니 속 언어 코치

수동적 암기에서 능동적 대화로 진화하는 AI 롤플레잉

"선생님, 요즘은 이어폰만 꽂으면 실시간으로 통역이 되잖아요. 번역기 돌리면 몇 초 만에 다 나오는데, 굳이 단어를 힘들게 외워야 할까요?"

학생들이 던지는 의문은 현실적이고 예리하지만 이 주장은 절반은 타당하고, 절반은 맹점을 품고 있다. 실제로 해외여행에서 식사를 주문하거나 숙소를 예약하는 수준의 생존형 외국어는 디지털 도구로 상당 부분 해결 가능하다. 이런 영역에서는 외국어 학습의 필요성이 예전보다 낮아진 것도 사실이다.

아이들에게 장기간 외국어를 교육하는 본질적인 목적은 단순한 생존을 넘어선다. 영어권 지식 생태계에 더 빠르게 접근하고, 문화적 배경이 다른 타인과 깊이 있는 소통을 하기 위함이다. 기계 번역은 정보 전달의 정확성을 높일 수 있지만, 미묘한 의도나 뉘앙스까지 완벽하게 구현하기는 어렵다. 중요한 협상이나 교류의 장에서 기술이 개입하는 순간, 대화의 온도와 신뢰는 약해질 수 있다.

흥미로운 점은 AI 기술이 외국어 학습 무용론을 뒷받침하는 동시에, 역사상 가장 강력하고 효율적인 학습 도구로도 기능한다는 사실이다. 과거에는 고액의 비용을 지불해야 만날 수 있었던 원어민 교사의 역할을, 이제는 AI가 상당 부분 대신할 수 있게 되었다. 학생의 주머니 속에는 24시간 내내 기다려 주고, 반복 질문에도 지치지 않는 대화 파트너가 들어 있는 셈이고, 이제 중요한 것은 실제 상황을 만들어 말로 부딪히며 훈련하는 방식이다. 외국어 학습의 핵심은 단순히 단어를 한 개 더 외우는 것보다, 실제 대화의 상황을 만들어 반복하는 훈련으로 옮겨가야 한다. AI는 단순한 번역기가 아니라 공항, 식당, 면접, 발표 같은 장면을 그대로 재현해 주는 역할극 파트너가 될 수 있기에, 수동적 암기에서 능동적 대화로 진화하는 학습을 구현하기에 최적의 조건을 갖추고 있다.

AI는 내 발음을 비웃지 않는다

많은 한국 학생들이 오랜 시간 영어를 공부하고도 외국인 앞에서 말문이 막히는 이유는, 단순한 지식 부족만으로 설명되기 어렵다. 마음속 깊이 자리 잡은 "내가 틀리면 어떡하지?"라는 본능적인 두려움이 더 큰 원인이다. 언어학자 스티븐 크라센은 불안이 높을수록 언어 습득이 방해받을 수 있다고 보았고, 이를 '정의적 여과' 개념으로 설명했다. 불안, 초조, 자신감 부족 같은 심리적 장벽이 높아지면 뇌가 정보를 받아들이는 통로가 좁아지게 된다. 그 결과 아무리 좋은 수업을 제공해도 내용이 학생에게 제대로 흡수되지 않는 상황이 생기는 것이다.

값비싼 원어민 선생님 앞에 앉아도 학생들의 입이 얼어붙는 이유가 여기에 있다. "내 발음이 촌스럽게 들리면 어떡하지?", "문법이 틀리면 창피해서 어쩌지?" 같은 걱정이 먼저 올라온다. 학생들은 타인의 평가가 두려워 차라리 안전한 침묵을 선택한다. 결국 영어는 실력이 부족해서 못 하는 것이 아니라, 평가받는 상황이 무서워서 입을 닫는 언어가 되기도 한다. AI는 이 지점에서 인간과는 근본적으로 다르며, 감정이 없는 AI는 한밤중이든 이른 새벽이든 학생이 부르는 즉시 반응한다. 학생이 문법을 틀려 "I goes to school!"이라고 말해도 비웃지 않고 "그 상황에서는 I go to school이라고 말하는 게 더 자연스럽다"라고 차분하게 교정해 줄 뿐이다. 학생 입장에서는 누군가의 표정이나 반응을 걱정할 이유가 없다.

이 심리적 안정감은 굳게 닫힌 학생의 말문을 트이게 만드는 가장 강력한 조건이다. AI라는 안전한 상대 앞에서 눈치 보지 않고 실수해 보자. 엉터리 영어로라도 마음껏 말해 보면서, 실전에서 버틸 수 있는 언어적 맷집을 키워 나가야 한다. 그리고 이 과정이 반복될수록, 학생은 영어를 평가받는 과목이 아니라 말할 수 있는 도구로 다시 인식하게 된다. 원어민과 AI 언어코치의 활용성을 비교해 보자.

인간 원어민 교사 VS AI 언어 코치 비교

인간 원어민 교사	비교 항목	AI 언어 코치
예약 필수, 시공간 제약	접근성	새벽 2시 가능, 언제 어디서나
선생님 앞에서 긴장	부담감	복장 자유, 반복질문 가능
실수에 관대하며 예의상 넘어감	피드백	칼같이 정확한 피드백
시간 과금제 비용 부담	비용 효율	월 2만 원대 정액제 부담 적음
정해진 교재와 학습 진도표	맞춤형	관심사에 맞춰 수준별 학습

상황극의 감독이 되어보자 "지금부터 너는…"

막연하게 AI를 켜놓고 "안녕? 오늘 날씨 어때? 너는 기분이 어때?" 같은 무미건조한 대화를 이어가는 일은 사흘을 넘기기 어렵다. 맥락 없는 대화는 금방 밑천이 드러나고, 학생도 금세 지루해지기 때문이다. 학생이 흥미를 잃지 않고 몰입하게 만드는 가장 효과적인 방법은 대화의 상황을 직접 설정하고, 주도권을 학생이 쥐게 만드는 것이다. 이는 단순한 영어 연습이 아니라, 학생이 역할과 흐름을 설계하는 일종의 페르소나 놀이이자 감독 역할에 가까운 학습 방식이다.

학교에서 배운 교과서 대화문은 실전에서 효용이 낮은 경우가 많다. "How are you?" "I'm fine, thank you, and you?" 같은 문장은 문법적으로는 맞지만, 실제 대화에서는 잘 활용되지 않는다. 특히 짧고 강한 자극에 익숙한 학생에게는 이런 대화가 너무 단조롭게 느껴질 수 있다. 그러나 AI에게 구체적인 역할과 상황을 부여하면, 몰입의 질이 완전히 달라진다. AI에게 이렇게 지시해 보자.

"지금부터 너는 친절한 비서가 아니야. 미국 뉴욕 공항의 아주 까다로운 입국 심사관 역할을 해 줘. 나는 영어를 잘 못하는 한국인 여행객이야. 나한테 입국 목적이랑 체류 기간을 계속 물어봐 줘. 내가 대답을 잘 못하고 머뭇거리면, 쉬운 단어로 힌트도 줘."

이처럼 구체적인 상황을 설정하고 엔터를 누르는 순간, 학생의 뇌는 느슨한 학습 모드에서 즉각적인 반응이 필요한 실전 모드로 전환된다. AI가 "Why are you visiting here? Do you have enough money?"라고 묻는 순간, 학생은 가짜 상황임을 알면서도 순간적으로 당황한다. 그리고 그 당황을 벗어나기 위해 자신이 아는 단어와 표현을 총동원해 말을 이어가려 노력한다.

이때 튀어나오는 영어는 책상 위에서 눈으로만 외운 문장과는 결이 다르다. 정답을 떠올리는 언어가 아니라, 상황을 돌파하기 위해 뇌가 끌어낸 살아 있는 언어에 가깝다. 학생이 주도적으로 판을 깔고 AI가 지시에 맞춰 일관된 역할을 수행하는 구조는, 짧은 시간 안에 실전 감각을 반복적으로 경험하게 만드는 효과적인 훈련이 된다. 이러한 반복은 결국 학생이 대화의 방향과 난이도를 스스로 조절하는 능동적 학습으로 이어진다.

그냥 고쳐주지 말고 이유를 말해줘

원어민 선생님과 화상 영어를 할 때 가장 아쉬운 점은 정교한 교정이 충분히 이루어지지 않는다는 점이다. 선생님은 학생이 자신감을 잃을까 봐, 혹은 대화의 흐름이 끊길까 봐 수업 분위기를 유지하려 한다. 그 결과 문법 오류를 즉각적으로 짚지 않고 넘어가는 경우도 적지 않다. 하지만 교정이 충분히 이루어지지 않으면, 틀린 표현이 반복되며 습관처럼 굳어질 위험이 있다. 반면 감정이 없는 AI는 대화가 끝난 뒤 학생의 수행을 냉정하고 객관적으로 분석한 리포트를 제공할 수 있다. 학생이 10분간 롤플레잉을 마친 후에는 그냥 종료하지 말고, 다음과 같은 방식으로 피드백을 요청하도록 해보자.

"방금 우리 대화 내용 기억하지? 내가 실수한 문장 3개만 뽑아서, 왜 틀렸는지랑 같이 고쳐 줘. 그리고 내가 너무 단순하게 말한 표현이 있으면, 더 자연스럽게 말하는 방법도 3개만 추천해 줘."

이런 요청을 받으면 AI는 꽤 정밀한 수준의 피드백을 제공한다. 경우에 따라서는 고액 과외에서 받는 교정과 비슷한 밀도로 돌아오기도 한다. AI는 다음과 같이 정리해 줄 수 있다.

"너는 아까 She don't like it이라고 말했어. 주어가 3인칭 단수인 She이므로 동사는 doesn't가 맞아. 따라서 She doesn't like it이라고 말하는 것이 정확해."

"상대방을 기다리게 할 때 Wait a minute이라고 말했어. 틀린 표현은 아니지만, 어른이나 공식적인 상황에서는 *Could you give me a second?*가 더 자연스럽고 정중하게 들려."

이 방식이 효과적인 이유는 단순하다. 학생은 교과서 속 예문이 아니라, 방금 전 자신의 입에서 실제로 나온 문장을 기반으로 교정을 받는다. 타인의 데이터가 아니라 내 데이터로 피드백을 받으면, 오류의 원인과 수정된 표현이 더 강하게 각인된다. 결국 학생은 영어를 더 많이 외우는 것이 아니라, 더 정확하게 고치면서 실력을 쌓게 되는 것이다.

언어는 공부가 아니라 훈련이다

우리는 이제 인식을 바꿔야 한다. 외국어는 머리로 이해하는 공부라기보다, 몸으로 익히는 훈련에 가깝다. 수영 교본을 외운다고 물에 뜰 수 없듯, 단어장과 문법책을 눈으로만 들여다본다고 말하기 실력이 저절로 늘지는 않는다. 물속에 들어가 물을 먹어가며 팔다리를 움직여 봐야, 비로소 몸이 뜨는 법을 배우는 것과 같다.

불과 몇 년 전까지만 해도 영어를 쓰는 환경을 만나려면 큰 비용을 들여 비행기를 타고 유학이나 어학연수를 떠나야 했다. 소수만이 누리던 환경이었고, 대부분의 학생에게는 현실적이지 못했다. 그러나 학습 환경은 짧은 시간 안에 완전히 달라졌으며, 학생 손에 들린 스마트폰 하나만으로도 언제든 영어가 필요한 상황을 만들

수 있게 되었다. 마음만 먹으면 몇 초 만에 미국, 영국, 호주의 언어 환경을 불러올 수 있다. 여기서 AI의 역할이 중요해진다. AI 코치는 인간처럼 학생을 평가하거나 눈치를 주지 않으며, 학생이 문법을 틀려 말이 꼬여도 나무라지 않고, 다시 말할 수 있도록 부드럽게 안내한다. 말이 막혀 잠시 멈추더라도 재촉하지 않고 기다려 준다. 실수해도 손해가 없고, 실패해도 창피할 일이 없는 훈련장이라는 점에서 AI는 매우 강력한 언어 파트너가 된다.

이제 최소한의 환경은 이미 갖춰졌다. 필요한 것은 거창한 계획이 아니라, 학생이 스스로 앱을 켜고 시작 버튼을 누른 뒤 "Hello"라고 말을 거는 작은 용기이다. 그 한 문장이 반복될수록, 언어는 지식이 아니라 경험으로 바뀌기 시작한다.

책상에 앉아 수동적으로 단어를 외우는 학생과, 침대에 누워 능동적으로 AI와 대화를 이어가는 학생은 지금 당장 비슷해 보일지도 모른다. 그러나 1년이 흐른 뒤 두 학생이 마주할 언어 장벽의 높이는 크게 달라질 가능성이 높다. 결국 언어는 얼마나 많이 외웠는지 보다, 얼마나 자주 입을 열었는가에서 달라진다. 다음 단계는, 이 훈련을 학생이 스스로 목표와 난이도를 조절하는 '학습 설계'로 확장해보는 것이다.

매일 내 컨디션에 맞춰
지문 생성하기

"우리 아이는 실력은 충분한데, 이상하게 레벨 테스트만 보면 긴장해서 점수가 안 나와요." "학원 교재가 갑자기 어려워지니 학생이 기가 죽어서 흥미를 완전히 잃어버렸어요."

영어 교육 현장에서 반복되는 이런 고민은 결국 하나의 문제로 귀결된다. 학생의 현재 상태와 교재가 맞지 않는 순간, 학습 효율이 급격히 무너진다는 점이다. 영어 학습을 괴롭히는 고질적인 문제는 난이도와 흥미의 불일치이다. 학생의 실력보다 교재가 어렵게 느껴지면 좌절감이 먼저 올라오고, 반대로 실력은 충분한데 소재가 재미없으면 집중이 끊긴다. 수준과 소재가 동시에 어긋나는 순간, 학생은 공부를 시작하기도 전에 마음이 먼저 멀어지기 시작한다.

하루 종일 축구 생각뿐인 학생에게 지구 온난화와 분리수거 방법을 설명하는 지문을 던져주면, 학생은 첫 문장을 읽기도 전에 하품을 할 것이다. 반대로 아이돌 가수를 좋아하는 학생에게 전기차 배터리의 화학적 원리를 설명하는 지문을 읽히면, 눈이 금세 초점을 잃게 될 것이다. 재미가 없으면 뇌는 움직이지 않는다. 이때 학생의 문제는 의지가 아니라 환경이다.

지금까지의 교육은 불친절한 구조에 가까웠다. 모든 학생이 똑같은 교과서와 같은 진도를 따라가야 하는 규격화된 방식이었기 때문이다. 학생은 옷에 몸을 맞추듯 교재에 자신을 억지로 끼워 맞춰야 했다. 흥미가 없어도 참고 읽는 인내심만이 미덕처럼 요구되었다.

그러나 AI 시대에는 더 이상 그럴 필요가 없다. 교재가 학생의 수준과 취향에 맞춰 실시간으로 바뀌는 시대가 열렸기 때문이다. 학생이 좋아하는 주제와 적절한 난이도로 구성된 지문을 매일 새로 생성할 수 있다. 말하자면 오직 나만을 위한 교과서를 그날의 컨디션에 맞춰 다시 만드는 방식이다. 질문을 설계하고 확장하는 과정이 더해질 때, 영어 학습은 능동적 언어 사용으로 전환될 것이다.

관심사를 영어로 연결하자

학생이 영어를 싫어하고 거부하는 근본적인 이유는, 언어 자체가 어려워서만은 아니다. 교과서에 나오는 영어 콘텐츠가 지루하고, 학생의 삶과 연결되지 않기 때문이다. 철수와 영희식 교과서 대화는 현실감도 흥미도 주기 어렵다. 반대로 영어 지문의 내용이 학생이 밤새워 몰입하는 게임이나 애니메이션, 혹은 가장 좋아하는 스포츠 선수의 이야기라면 상황은 완전히 달라지게 될 것이다.

마인크래프트에 푹 빠져 있는 초등학교 5학년 학생을 떠올려보자. 대다수의 부모는 "게임 좀 그만하고 영어 단어나 외워!"라고 말할 것이다. 그러나 학습의 관점에서 더 효과적인 접근은 취미를 억지로 끊는 것이 아니라, 그 취미를 영어 학습의 재료로 전환하는 것이다. AI는 이 전환을 현실적으로 가능하게 만든 도구이다.

학생의 관심사를 영어로 연결하기 위해서 AI에게 다음과 같은 방식으로 요청해 보자.

"내 아이는 초등학교 5학년이고 마인크래프트를 정말 좋아해. 서바이벌 모드에서 첫날밤을 버티는 세 가지 전략을 주제로 영어 독해 지문을 만들어 줘. 문장 안에 관계대명사가 자연스럽게 들어간 문장을 3개 이상 포함해 주고, 어휘 난이도는 미국 초등학교 3학년 수준으로 맞춰 줘."

이처럼 프롬프트를 입력하면 AI는 몇 초 만에 학생의 취향과 수준에 맞는 맞춤형 지문을 생성한다. 부모가 그 지문을 책상 위에 슬쩍 올려두면, 학생은 시키지 않아도 읽기 시작할 가능성이 높아진다. 학생에게 그것은 지겨운 공부가 아니라, 게임을 더 잘하기 위해 필요한 공략집에 가깝기 때문이다.

학생은 읽다가 equipment(장비)이나 shelter(피난처) 같은 단어를 만나도 쉽게 포기하지 않는다. 내용을 알고 싶다는 욕구가 생기면, 스스로 사전을 찾거나 번역기를 활용해가며 끝까지 이해하려하기 때문이다. 무언가를 알고 싶다는 마음이 생기는 순간, 영어는 어려운 과목이 아니라 필요한 도구가 되며, 바로 이것이 언어 학습의 본질이다. 학생이 어떤 대상에 몰입하고 있다면, 그것을 막기보다 학습의 방향으로 연결하는 편이 훨씬 효과적이다. 그렇게 형성된 이해는 다시 질문으로 이어지고, 질문은 AI와의 대화로 확장되며, 결국 실제 말하기 훈련으로 자연스럽게 연결된다.

난이도 조절로 i+1 이론을 구현하다

언어학자 스티븐 크라센은 저서에서 '입력 가설'이라는 이론을 제시했다. 외국어 실력은 현재 수준을 뜻하는 i보다 아주 조금 높은 수준인 'i+1'의 입력이 지속될 때 가장 효과적으로 향상된다는 주장이다. 교재가 너무 쉬운 'i-1' 상태라면 학생은 금방 지루해하고, 반대로 지나치게 어려운 'i+10' 상태라면 좌절감을 느끼며 학습을 포기하기 쉽다. 결국 언어 학습에서 가장 중요한 것은 학생에게 맞는 난이도를 정확히 유지하는 일이다.

문제는 그 'i+1' 지점을 현실에서 찾기가 어렵다는 점이다. 시중 서점에 문제집이 아무리 많아도, 학생 한 명의 정확한 수준을 핀셋처럼 맞춰 주는 책은 거의 없다. 출판사는 불특정 다수를 위한 평균적인 책을 만들 뿐, 특정 학생 한 명만을 위한 교재를 제작하지 않기 때문이다. 그래서 학생은 너무 쉬운 책과 너무 어려운 책 사이에서 흔들리며 길을 잃기 쉽다.

　AI는 이 난제를 비교적 간단하게 해결할 수 있는데, 텍스트의 난이도를 자유롭게 조절할 수 있기 때문이다. 학생이 "너무 어려워서 무슨 말인지 모르겠어"라고 말하면 난이도를 낮추고, "너무 시시해"라고 말하면 난이도를 높이면 된다. 즉, 학생의 반응을 기준으로 교재를 즉시 조정하는 방식이다. 지문이 너무 어렵다면 이렇게 요청할 수 있다.

　"방금 만든 지문은 단어가 너무 어려워. 내용은 그대로 두고, 단어만 초등 고학년 수준으로 바꿔서 다시 써 줘."

　반대로 문장 구조가 너무 단순해 훈련이 되지 않는다면, 다음처럼 지시할 수 있다.

　"지문의 내용은 재미있는데 문장이 너무 쉬워. 내용은 그대로 두고, 문장 구조를 5형식이 더 많이 나오게 바꿔서 다시 써 줘."

　이제 학생은 비싼 돈과 시간을 들여 학원 레벨 테스트를 반복할 필요가 줄어든다. 중요한 것은 학생이 읽기에 편안하면서도, 모르는 단어가 적당히 섞여 있어 긴장감을 유지하는 상태이다. 학습 효과가 극대화되는 '골디락스 존'을 AI와의 미세한 조율을 통해 집에서도 매일 찾아낼 수 있다. 교재는 이제 고정된 종이가 아니라, 학생의 반응에 따라 매일 형태가 바뀌는 살아 있는 도구가 된다. 기존 교재와 맞춤형 생성교재의 차이점을 더 구체적으로 살펴보자.

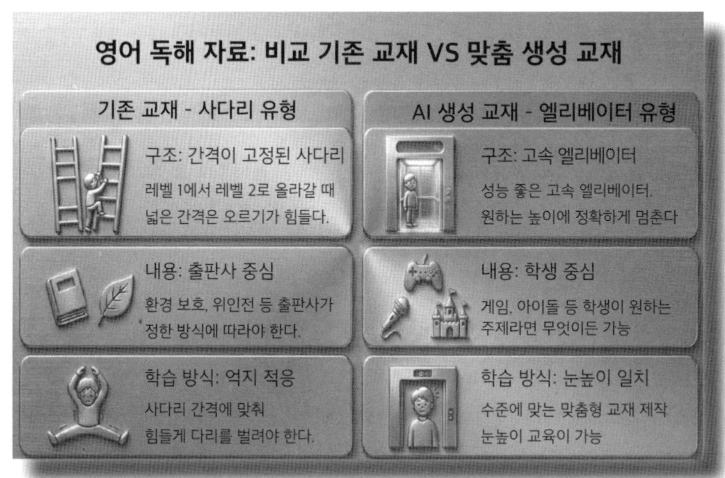

세상에 없던 문제집을 만들다

지문을 눈으로만 훑고 "아, 재밌네" 하고 덮어버리는 것은 반쪽짜리 학습에 그치기 쉽다. 읽은 내용이 머릿속에 제대로 남았는지, 아니면 그냥 흘러가 버렸는지를 확인하는 과정이 반드시 필요하다. AI는 지문을 만들어 주는 작가 역할뿐 아니라, 그 내용을 바탕으로 문제를 만들어 주는 출제자 역할까지 수행할 수 있으므로 학생 입장에서는 '읽기 → 확인 → 확장'까지 한 번에 이어지는 구조가 만들어진다.

학생이 흥미로운 지문을 다 읽었다면, 바로 다음 단계로 넘어가는 것이 효과적이다. AI에게 이렇게 요청할 수 있다.

"방금 글 다 읽었어. 내가 제대로 이해했는지 확인하고 싶어. 객관식 문제 두 개만 내 줘. 단어 하나는 뜻 맞히는 문제로 내 줘."

AI는 방금 만든 지문을 기반으로 바로 테스트를 만들어 준다. 학생은 단순히 읽고 끝내는 것이 아니라, 읽은 내용을 스스로 점검하는 훈련까지 자연스럽게 이어가게 되며, 여기서 한 단계 더 확장하면, 서술형 질문도 만들어 볼 수 있다. 다만 이때는 정답이 하나로 고정된 질문보다, 생각을 끌어내는 질문이 더 효과적이다.

"마지막 문제는 정답 없는 걸로 해 줘. 만약 내가 주인공이면 이 상황에서 어떻게 했을지 쓰게 해 줘."

이 질문은 영어 실력만이 아니라 사고력과 표현력을 동시에 자극한다. 학생이 지문을 외우는 것이 아니라, 내용을 자기 상황으로 옮겨 생각하게 만들기 때문이다.

이 방식이 좋은 이유는 학생의 태도가 달라지기 때문이다. 남이 시켜서 억지로 푸는 시험 문제가 아니라, 자신이 좋아하는 주제에 관한 문제이기 때문에 학생은 훨씬 적극적으로 참여한다. 마치 게임 속 퀘스트를 수행하듯 문제를 풀고, 정답을 맞혔을 때 느끼는 작은 성취감이 학습을 계속 이어가게 만드는 연료가 된다.

교육적으로는 여기서 한 단계 더 나아갈 수 있다. 이번에는 역할을 뒤집어 학생이 직접 출제자가 되어보는 방식이다. AI에게 이렇게 요청해 보자.

"이번엔 내가 문제 낼게. 내가 빈칸을 만들 테니까 너는 맞혀 봐."

그리고 실제로는 AI가 학생을 도와, 빈칸 문제를 함께 구성할 수도 있다. 이 방식은 흔히 '빈칸 뚫기(클로즈 테스트)'라고 부른다. 어디에 빈칸을 만들지 결정하려면, 학생은 문장 하나만 이해해서는 부족하다. 글 전체 흐름을 이해하고, 핵심 단어가 무엇인지 판단할 수 있어야 한다. 그래서 문제를 푸는 것보다 문제를 설계하는 과정에서 문해력과 어휘력이 더 빠르게 성장하는 경우가 많다. 이렇게 설계해본 문제들을 정답 확인에서만 멈추지 말고, 선택의 이유를 충분히 설명하며, AI와 짧게 의견을 주고받는 과정에서 사고는 한층 더 단단해질 것이다.

교과서 밖의 진짜 교과서

이제 영어 학습의 패러다임은 지루한 교과서 진도를 따라가는 방식에서, 학생의 관심사를 영어로 탐험하는 과정으로 바뀌고 있다. 축구에 열광하는 학생을 위해 프리미어리그 현지 분석 기사를 쉬운 어휘로 요약해 읽게 하거나, 요리사를 꿈꾸는 학생을 위해 고든 램지의 복잡한 조리법을 기초 수준의 영어 설명서로 바꾸는 식이다. 이런 개인 맞춤형 자료는 학생에게 영어를 점수를 따기 위한 암기 과목이 아니라, 좋아하는 정보를 더 빠르고 깊게 얻기 위한 도구로 인식하게 만든다. 학생의 머릿속에서 언어의 역할이 바뀌는 순간, 영어는 억지로 외우는 대상이 아니라 스스로 찾아 쓰는 기술이 된다.

따라서 옆집 학생과 비교하며 학원 레벨 테스트 점수에만 연연하기보다, 오늘 내 학생의 눈을 반짝이게 만들 소재가 무엇인지 먼저 살펴보는 편이 효과적이다. 학생이 평소 즐겨보는 유튜브 채널이 무엇인지, 좋아하는 게임 캐릭터나 최근 관심을 갖기 시작한 취미가 무엇인지 관찰하는 일이 우선이다. "지금 학생이 가장 궁금해하는 것이 무엇인가?"라는 질문에 대한 답을 찾는 과정이 진짜 영어 학습의 출발점이 된다. 그리고 다음 단계는 그 관심사를 단순히 읽기 자료로 끝내지 않고, AI와의 대화로 확장해 말하기와 쓰기까지 자연스럽게 이어가도록 만드는 일이다.

나만의 에세이 교정기로
문체 업그레이드하기

한국 학생에게 영어의 4대 영역 중 가장 자신 없고 취약한 분야를 말하라면 단연 '쓰기'다. 읽기나 듣기는 정답지를 통해 스스로 점검할 수 있지만, 쓰기는 전문가의 도움 없이는 자신의 표현이 자연스러운지, 혹은 콩글리시인지 혼자 판단하기 어렵다. 피드백의 부재를 해결하려 과거에는 시간당 수만 원을 들여 원어민 첨삭을 받아야 했고, 이는 경제적 여유가 있는 소수만 누릴 수 있는 방식이었다. 그러나 기술이 발전한 지금은 AI가 24시간 대기하며 개인 에디터 역할을 수행할 수 있게 되었다.

그럼에도 많은 학생이 이 도구를 단순한 맞춤법 검사기로만 활용하는 현실은 아쉬움을 남긴다. 프롬프트 창에 "문법 오류를 고쳐줘"라고만 입력하는 방식은, AI의 능력을 가장 비효율적으로 쓰는 방법이기 때문이다. 실제 교육 현장에서 효과를 보려면, 학생이 원하는 목표를 더 분명하게 말해 주는 방식이 필요하다.

"내가 쓴 글이 어색한지 자연스러운지 모르겠어. 내용은 그대로 두고, 문장만 더 자연스럽게 고쳐 줘. 그리고 너무 쉬운 단어는 조금 더 좋은 표현으로 바꿔 줘" 또는 "이 글을 선생님께 제출해야 하는데 너무 유치하게 느껴져. 같은 뜻인데 좀 더 성숙한 말투로 다시 써 줘."

이처럼 목적이 분명한 요청을 하면 AI의 진짜 가치가 드러난다. AI는 단순히 틀린 문법에 빨간 줄을 그어 주는 수준을 넘어, 학생이 쓴 투박한 문장을 상황에 맞는 문체로 다듬어 주고, 표현을 한 단계 끌어올리는 교정까지 수행할 수 있기 때문이다. 결국 쓰기 실력은 많이 쓰는 것만으로는 늘지 않는다. 제대로 고쳐지고, 왜 어색했는지 이해되는 경험이 반복될 때 가장 빠르게 성장한다. 그 문장을 다시 써 보고, 다시 말해 보는 과정이 더해질 때 수정은 지식이 아니라 능력이 될 것이다.

맞는 영어를 넘어 좋은 영어로

한국어에서는 단순히 '보다'라는 한 단어로 표현되지만, 영어에는 see, look, watch, gaze, stare처럼 상황과 의도에 따라 의미가 달라지는 단어가 촘촘하게 존재한다. 이 단어들의 차이는 사전적 의미만으로는 완전히 잡히지 않는 경우가 많으며, 고급 영어 구사 능력은 바로 이 미묘한 뉘앙스를 구분하고, 적재적소에 선택하는 것에 따라 달라진다. 종이 사전이 단어의 건조한 뜻을 전달하는 데

그친다면, AI 코치는 그 단어가 실제로 어떤 상황에서 쓰이고 어떤 감정을 담는지까지 함께 알려줄 수 있다.

학생이 영어 일기에서 선물을 받은 기쁨을 표현하며 "I was happy when I got the gift."라고 썼다고 가정해보자. 문법적으로는 틀린 곳이 없는 문장이지만, 감정의 결이 단조롭게 느껴질 수 있다. 여기서 중요한 것은 '맞았다'에서 멈추지 않고, 같은 의미를 더 생생하게 표현하는 방법을 배우는 일이다.

"내가 쓴 문장에서 happy 말고 더 좋은 단어가 있을까? 선물을 받았을 때 진짜 신나고 벅찼던 느낌을 더 강하게 쓰고 싶어. 추천해 주는 단어들이 뭐가 다른지도 같이 설명해 줘."

AI는 "I was thrilled to receive the gift." 또는 "I was overjoyed when I got the gift." 같은 대안을 제시할 수 있다. happy가 일반적인 기쁨을 뜻한다면, thrilled는 짜릿하게 흥분되는 느낌에 가깝다. overjoyed는 기쁨이 넘쳐흐를 정도로 벅차오르는 상태를 강조한다. 선물을 받았을 때의 특별한 감동을 표현하고 싶다면, happy보다 thrilled가 더 어울린다는 식의 설명도 덧붙일 수 있다.

이처럼 살아 있는 피드백을 받는 순간, thrilled라는 단어는 억지로 외워야 할 철자 덩어리가 아니라 하나의 감각으로 뇌에 남게 될 것이다. 감정과 상황에 맞는 단어를 골라 쓰는 훈련이 반복되면 학생의 영어는 딱딱한 번역투를 벗어나, 더 자연스럽고 풍부한 표현으로 확장될 것이다. 여기서 멈추지 않고 같은 내용을 여러 톤으로 바꿔 써 보게 하면, 학생은 단어 선택을 넘어 문장 전체의 분위기를 스스로 조절하는 감각까지 기르게 될 것이다.

상황에 따라 옷을 갈아입혀라

진정한 글쓰기 실력은 TPO(Time, Place, Occasion)라 불리는 시간, 장소, 상황에 맞춰 문체를 바꿀 수 있는 능력에서 드러나게 된다. 장례식장에 갈 때와 클럽에 갈 때 입는 옷이 다르듯, 언어도 상황에 따라 옷을 갈아입어야 한다. 친한 친구에게 보내는 메시지와 입학 사정관이나 교수에게 보내는 이메일의 말투가 같다면 좋은 평가를 받기 어렵다. AI는 이런 톤 앤 매너 훈련을 반복할 수 있게 만들어 주는 현실적인 파트너이다.

학생이 쓴 평범한 문장 하나를 활용해, AI에게 상황별로 세 가지 버전을 만들어 달라고 요청해 보자. 이는 같은 뜻을 서로 다른 역할로 연기해 보는 훈련에 가깝다. 학생은 이 과정을 통해 단어 선택과 문장 구조가 상황에 따라 어떻게 달라지는지 눈으로 확인할 수 있다. 먼저 기본 문장을 하나 만든다.

"I want to join the computer club because I like computers."

문법적으로는 문제가 없지만, 너무 단순하고 상황 구분이 없는 문장이다. 이제 AI에게 다음처럼 요청할 수 있다.

"이 문장 뜻은 그대로 두고, 말투만 세 가지로 바꿔 줘. 첫 번째는 친구한테 보내는 메시지처럼 가볍게, 두 번째는 가입 신청서에 쓰는 것처럼 정중하게, 세 번째는 내가 왜 뽑혀야 하는지 설득하는 느낌으로."

AI는 같은 뜻이라도 분위기가 완전히 다른 문장을 만들어 준다. 친구에게 말하는 버전은 "I'm really into computers, so I really wanna join the computer club!"(저 컴퓨터 진짜 좋아해서 컴퓨터 동아리에 꼭 들어가고 싶어요!)처럼 가볍고 활기찬 톤이 된다.

지원서에 쓰는 버전은 "I would like to join the computer club because I have a strong interest in computers and technology." (저는 컴퓨터와 기술에 대한 큰 관심이 있어 컴퓨터 동아리에 지원하고자 합니다.)처럼 정중하고 안정적인 문장으로 바뀐다.

마지막으로 설득이 필요한 버전은 "By joining the computer club, I can develop my skills while also contributing to the team through projects and collaboration."(컴퓨터 동아리에 참여함으로써 제 역량을 키우는 동시에 프로젝트와 협업을 통해 팀에도 기여할 수 있습니다.)처럼 내가 무엇을 할 수 있는지를 강조하는 문장으로 확장된다.

학생은 나란히 놓인 문장들을 비교하며 중요한 사실을 체감하게 된다. 똑같은 뜻이라도 대상과 목적에 따라 단어 선택, 문장 길이,

강조점이 완전히 달라진다는 점이다. 이는 문법책만으로는 얻기 어려운 살아 있는 작문 수업이다. 단순히 정중한 표현을 외우는 것이 아니라, 상황에 맞는 언어 감각을 직접 익히게 만들기 때문이다.

대부분의 학생은 AI를 맞춤법 검사 수준에서만 활용하고 멈추고 만다. 그러나 AI의 능력을 끝까지 끌어내려면, 학생이 더 구체적으로 요구하고 비교하며 수정하는 과정을 반복해야 한다. AI는 스스로 똑똑해지는 도구가 아니라, 사용자가 무엇을 원하는지 말해 줄 때 가장 강력해지는 도구이다. 이러한 요청과 수정이 한 번으로 끝나지 않고, 문장을 다시 고쳐 쓰고 재피드백을 받는 구조로 이어질 때 학습은 일회성 교정을 넘어 정교해지게 된다.

"왜 이렇게 고쳤어?"라고 역질문 하자

AI 첨삭 훈련의 마지막 단계이자 핵심은, AI에게 수정 이유를 끝까지 묻는 과정이다. 많은 학생은 AI가 고쳐 준 매끈한 문장을 받아보면 '역시 AI는 똑똑하다'라고 생각하며 결과만 확인한 뒤 그대로 옮겨 적는다. 하지만 문장이 좋아진 것은 학생의 실력이 아니라 AI의 실력일 가능성이 크다. 진짜 내 실력으로 만들려면, AI에게 되묻는 과정이 필요하며, 가능한한 구체적으로 질문해야 한다.

"결과만 주지 말고, 왜 그렇게 고쳤는지도 설명해 줘. 네가 고친 문장이 내가 쓴 문장보다 뭐가 더 나은 거야? 그리고 내가 쓴 문장이 문법적으로는 맞는 것 같은데, 원어민이 들으면 무례하게 느낄 수도 있는 표현이야?"

이렇게 역으로 질문을 던지는 순간, AI는 결과 뒤에 숨겨져 있던 언어의 기준을 설명하기 시작한다.

"원래 문장은 의미는 통하지만 표현이 너무 직설적이라, 공식적인 상황에서는 명령처럼 들릴 수 있어요. 문법적으로 맞아도, 실제 대화에서는 더 완곡한 표현이 선호됩니다. 또한 일부 표현은 현대 구어체에서는 잘 쓰이지 않아 어색하게 들릴 수 있어요."

이런 해설은 단순한 문법 교정이 아니라, 언어의 사회적 맥락과 뉘앙스를 배우는 과정이다. 결국 중요한 것은 단순히 베껴 쓰는 것이 아니라, 납득이 갈 때까지 따져 묻고 이해하는 태도이다. 그리고 이 태도가 쌓일수록 학생의 영어는 단순히 맞는 영어를 넘어, 상황에 맞게 쓰는 좋은 영어로 바뀌기 시작할 것이다.

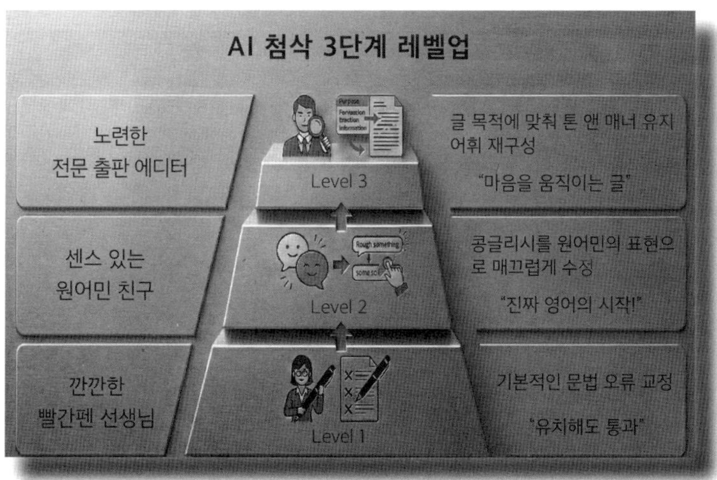

언어는 표현의 도구다

학생에게 영어를 가르치는 궁극적인 이유는 학교 시험에서 정답 하나를 더 맞히게 하기 위함이 아니다. 학생 머릿속에 있는 반짝이는 생각과 창의적인 아이디어를, 한국이라는 울타리를 넘어 전 세계 사람들에게 명확하고 설득력 있게 전달하도록 돕는 데 진짜 목적이 있다. 중요한 시험이 아닌 이상, 빈칸 채우기식 문법 문제를 몇 개 더 맞히는 일은 AI 시대에 점점 의미가 줄어들 것이다. 이제는 문법의 완벽함 자체보다, 무엇을 담아 어떻게 표현하느냐가 더 중요한 가치가 된다.

AI는 학생이 쓴 투박한 영어를 상황에 맞는 문장으로 다듬어 주는 강력한 도구이다. 학생이 기본적인 아이디어만 던져 주어도, AI는 그 내용을 더 자연스럽고 설득력 있게 정리해 준다. 학생은 이 과정을 통해 틀리지 않는 문장을 넘어, 전달력이 있는 문장을 만들어 가는 경험을 하게 된다. AI에게 단순히 "틀린 데 고쳐 줘"라고 요청하는 수준에서 멈추지 말고, "내 말이 더 설득력 있게 전달되도록 수정해 줘"라고 요구하도록 이끌어야 한다. 학생이 AI에게 제시하는 기준과 질문의 깊이는, 결국 학생이 앞으로 쓰게 될 언어의 품격과 표현의 폭을 결정하는 중요한 요소가 될 것이다. 이러한 표현 훈련이 일회성 첨삭에 머물지 않고, 글의 목적과 독자를 먼저 설정한 뒤 문장을 조율하는 방향으로 이어질 때, 글쓰기는 교정이 아니라 의도를 설계하는 작업으로 발전할 것이다.

제 6 장

수학&탐구:

문제 풀이 기계가 아닌 개념 설계자로

"이 풀이가 최선이야?"
라고 되묻기

"오늘 수학 숙제 다 했니?"라는 부모의 질문에 학생은 자신 있게 "네, 다 풀었어요"라고 대답한다. 그러나 학생이 말하는 '풀었다'의 의미를 냉정하게 따져보면, 빈칸에 정답을 채워 넣었다는 뜻에 불과한 경우가 많다. 많은 학생에게 수학 공부는 정답지와 내 답안지의 숫자가 일치하는지만 확인하는 데서 끝난다. 채점하며 동그라미를 크게 치는 순간, 사고의 회로는 멈추게 되는데, 맞았으니 됐다는 생각이 문제에 대한 호기심과 고민을 종료시키기 때문이다. 이는 오랫동안 사고 과정보다 정답을 우선시해 온 결과 중심 수학 학습의 한계라 볼 수 있다.

2020년대 초반, 스마트폰 카메라로 수학 문제를 찍기만 하면 몇 초 만에 풀이 과정과 정답을 보여주는 앱들이 대중화되었을 때 교육계와 학부모는 불안감을 느꼈다. "이제 학생들이 계산조차 하지 않으려고 하겠구나" "스스로 고민하는 힘이 사라지고 사고력이 약해지지 않을까" 같은 걱정이 쏟아졌다. 기술이 인간의 지능을 퇴화

시킬 것이라는 비관적인 시각도 뒤따랐다.

그러나 위기는 늘 위험과 기회를 함께 품는다. AI가 계산과 정답 도출을 빠르게 해주었기 때문에, 우리는 그동안 시간이 부족해서 시도하지 못했던 진짜 수학에 더 많은 시간을 쓸 수 있게 되었다. 정답이 나온 이후에 시작되는 과정의 최적화, 그리고 여러 가지 풀이를 비교하며 더 나은 해법을 판단하는 훈련이 바로 그것이다. 정답을 맞힌 뒤 AI에게 이렇게 물어보는 것이다.

"나 이 문제 풀긴 했는데, 내 풀이가 너무 길어. 중학교 범위 안에서 더 빠르게 푸는 방법이 있으면 두 가지 정도 더 보여 줘. 그리고 왜 그 방법이 더 좋은지도 알려 줘."

이 질문은 단순한 답 찾기에서 벗어나, 풀이를 설계하고 비교하는 사고로 학생을 끌어올린다. 이제는 단순 계산 능력보다, 풀이를 설계하고 비교·판단하는 능력이 더 중요해지고 있다. 정답을 맞히는 기계처럼 공부하는 방식에서 벗어나, 다양한 해결 경로를 탐색하고 비교할 때 학생의 수학적 사고력은 비로소 깨어난다. 여러 풀이 중 하나를 고른 뒤 그 이유를 스스로 말해 보게 하는 순간, 수학은 정답 맞히기가 아니라 사고의 훈련이 된다.

단순 정답 기계의 설 자리는 사라진다

과거에는 복잡하고 지루한 계산 과정을 실수 없이 빠르고 정확하게 해내는 학생이 우등생 대접을 받았다. 걸어 다니는 인간 계산기라는 말이 자연스럽게 쓰이던 시절이다. 그러나 이제 단순 계산은 인간보다 기계가 훨씬 빠르고 정확하게 수행하는 영역이 되었다. 계산 속도와 정확도로 AI를 이기려는 노력은 이미 방향이 어긋난 것이다.

세상이 요구하는 수학 실력의 정의도 뿌리부터 바뀌고 있다. 과거의 수학 실력이 공식과 유형을 외워 정답을 도출하는 숙련된 기능에 가까웠다면, 앞으로의 실력은 복합적인 상황을 해석하고 효율적인 해결 경로를 설계하는 능력에 가까워질 것이다. AI의 답을 그대로 받아들이는 것보다 "이 방법이 최선인가", "더 간단하고 논리적인 길은 없는가"를 끊임없이 의심하고 판단할 줄 알아야 한다.

학습 수준이 높은 학생일수록 AI를 정답 확인보다 검증과 확장에 활용하는 경향이 있다. 많은 학생이 AI를 정답만 확인하는 도구로 쓰는 반면, 상위권 학생은 AI를 자신의 풀이를 검증하고 더 나은 해법을 제안하는 조교처럼 활용한다. 답에 의존하는 것이 아니라, AI의 연산과 정리 능력을 도구로 삼아 사고의 높이를 쌓아 올리는 방식이다. 실전에서는 학생이 AI에게 이렇게 물어보는 습관을 들이는 것이 효과적일 수 있다.

"이 기하 문제에서 내가 놓친 다른 풀이가 있을까? 보조선을 다르게 그리는 방법이 있으면 알려 줘. 그리고 중등 기하에서 배운 성질만 써서, 가장 간단하게 설명하는 풀이도 같이 보여 줘."

이 질문은 '맞혔는가'에서 멈추지 않고, '왜 이 풀이가 좋은가'까지 생각하게 만든다. 중요한 것은 단순히 베껴 쓰는 것이 아니라, 납득이 갈 때까지 따져 묻는 태도이다. 문제를 푸는 행위 자체보다, 정답 이후의 과정을 비교하고 설계하는 능력이 학생의 진짜 실력이 될 것이다.

"다른 방법은 없어?"라고 AI를 파고들자

수학적 직관이 뛰어난 학생은 AI가 내놓은 정답 화면을 보고 순순히 넘어가지 않는다. 이들은 집요하게 파고들며 질문을 던진다.

"답이 3번인 건 알겠는데, 이 풀이는 너무 길어. 시험에서는 시간도 오래 걸릴 것 같아. 더 간단하게 푸는 방법 없어?" "방정식으로만 풀지 말고 그래프를 그려서 한눈에 보이게 설명해 줘."

이런 질문은 학생을 수동적인 풀이 기계에서, 문제의 구조를 장악하는 능동적인 설계자로 바꾸는 출발점이 된다. 수학에서 문제를 푸는 길은 결코 하나가 아니다. 서울에서 부산까지 가는 방법이 비행기, 기차, 버스처럼 다양하듯, 수학 문제도 접근법이 여러 갈래로 나뉜다. 어떤 방법은 빠르지만 계산이 까다롭고, 어떤 방법은 느리지만 실수가 적다. 또 어떤 방법은 직관적이지만 조건이 제한적일 수 있다. 결국 수학 실력은 정답을 맞히는 데서 끝나지 않는다. 어떤 길이 가장 효율적인지, 어떤 길이 가장 안전한지 판단하는 능력에서 차이가 난다. AI는 이 다양한 길을 순식간에 펼쳐 보여줄 수 있는 강력한 조력자다. 과거 교실에서는 선생님이 진도를 맞추느라 칠판에 정석 풀이 하나만 보여주고 넘어가는 경우가 많았다. 그러나 이제는 학생이 원하기만 하면, 세 가지 네 가지 다른 풀이를 동시에 제시받고 비교할 수 있다. 이때 학생이 AI에게 던지는 질문은 너무 교과서적일 필요가 없다. 오히려 현실적인 말투가 더 효과적이다. 이렇게 요청해 보자.

"이 이차함수 문제, 풀이를 세 가지로 보여 줘. 하나는 교과서처럼 푸는 방법, 하나는 그래프 성질을 쓰는 방법, 하나는 다른 단원 개념을 연결해서 푸는 방법으로."

이렇게 말하면 AI는 서로 다른 관점의 풀이를 정리해 보여주고, 학생은 그중 어떤 방식이 자신에게 더 맞는지 비교할 수 있게 된다. AI가 풀이를 내놓으면 학생은 이제 분석가가 된다.

"첫 번째 풀이는 정석이지만 계산이 길어서 실수할 확률이 높겠어.", "두 번째 풀이는 처음 떠올리기는 어렵지만, 이해만 하면 계산 실수가 거의 없겠어.", "세 번째 풀이는 원리는 명확한데 특정 조건에서만 쓸 수 있겠네." 이런 식으로 따져 본 뒤, 스스로 결론을 내린다. "이번 시험에서는 두 번째 방법으로 해야겠다."

여러 대안의 장단점을 비교하고, 상황에 맞는 선택을 내리는 능력은 AI 시대에 더 중요해질 것이다. 기계처럼 답을 맞히는 능력보다, 가장 효율적이고 설득력 있는 길을 찾아내는 수학적 안목을 기르는 과정이 진짜 공부가 된다.

풀이가 아닌 구조를 조망하자

AI 문제 풀이 앱을 바라보는 학생들의 시선은 학습 수준에 따라 뚜렷하게 갈린다. 성취도가 낮은 학생은 조급한 마음에 풀이의 마지막 줄, 즉 정답 숫자에만 시선을 고정한다. 답만 베끼면 숙제가 끝난다고 믿기 때문이다. 중위권 학생은 중간 계산 과정을 꼼꼼히 살피며 자신의 실수 지점을 찾는다. "아, 여기서 계산을 틀렸구나." 하며 오답의 원인을 점검하는 데 집중한다. 반면 최상위권 학생의 눈길은 풀이의 맨 위, 첫 문장에 머문다. 아무것도 없는 백지에서 첫 수식이 시작된 이유, 그 발상의 출발점을 집요하게 들여다본다. 결과보다 '왜 이런 접근을 택했는가'를 궁금해하기 때문이다. 이들은 스스로에게 질문을 던진다.

"왜 여기서 보조선을 그어야 했을까?", "이 단계에서 양변을 제곱해 치환하면 어떤 이점이 생기지?"

이러한 의문이 시작이다. 첫 단추를 끼우는 발상, 복잡하게 얽힌 문제에서 실마리를 찾아내는 능력은 AI가 아무리 발달해도 인간이 직접 훈련해야만 얻을 수 있는 영역이다. 계산은 기계의 몫이지만, 풀이의 방향을 결정하는 설계는 여전히 인간의 몫이기 때문이다. 이 점에서 AI는 훌륭한 시범 조교가 된다. 다만 몇 초 만에 제시되는 수많은 풀이를 무비판적으로 받아 적는 태도는 경계해야 한다.

중요한 것은 정답이 아니라 패턴이다. 특정 유형의 문제를 마주했을 때 무조건 계산부터 시작하는 것이 효율적인지, 아니면 그래프나 구조적 관점에서 접근하는 편이 나은지와 같은 거시적인 판단 기준을 익히는 것이 핵심이다. 이를 위해 AI에게는 결과가 아니라 의도를 묻는 질문을 던져야 한다.

"왜 이 문제는 이런 방식으로 첫 줄을 시작했어? 내가 떠올린 다른 개념으로도 출발할 수 있었을까?"

풀이의 시작점을 거꾸로 추적하고 분석하는 이 과정은 아이를 단순한 계산 수행자가 아니라 수학적 개념을 설계하는 사고자로 성장시킨다. 미래형 인재가 되기 위해서는 수학적 사고의 피라미드 꼭대기로 올라가야 한다. 그 피라미드는 대략 세 단계로 나뉜다.

첫 번째 단계는 계산가다. 공식을 기계적으로 암기하고 숫자를 대입해 정답을 낸다. 정답만 맞으면 공부가 끝났다고 여기며 과정의 의미는 깊이 따지지 않는다. 이 단계에 머문 학생은 AI에게 가장 먼저 대체될 위험에 놓인다.

두 번째 단계는 해결사다. 다양한 문제를 풀며 유형을 익히고, 익숙한 해법을 찾아 적용한다. 이른바 '양치기 학습'으로 단련된 우등생들이 여기에 속한다. 정형화된 문제에는 강하지만, 신유형이나 여러 개념이 섞인 복합 문제 앞에서는 한계에 부딪힌다. 일정 수준까지는 도달할 수 있지만, 언제든 흔들릴 수 있는 불안정한 위치다.

세 번째 단계는 설계자다. 개별 문제에 매몰되지 않고 전체 구조를 조망하며 최적의 해결 경로를 탐색한다. 여러 풀이를 비교·평가하고, 대수와 기하처럼 서로 다른 개념을 자유롭게 연결한다. 정답 여부보다 이 풀이가 최선인지, 더 간결한 방식은 없는지를 끊임없이 의심하고 최적화한다. 이들은 기술을 두려워하지 않고, 오히려 도구로 활용해 인간의 사고 범위를 확장한다.

AI 시대의 수학 공부는 계산 능력을 키우는 데서 끝나지 않는다. 풀이의 구조를 읽고, 방향을 설계하며, 선택의 이유를 설명할 수 있을 때 비로소 진짜 실력이 완성된다.

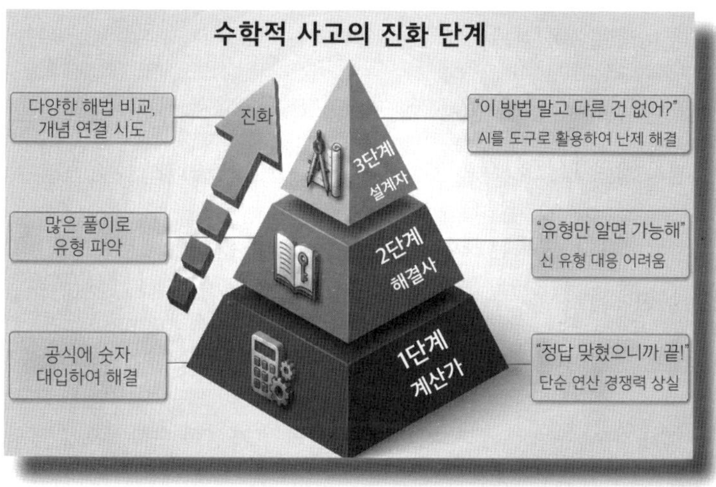

수학은 답을 찾는 기술이 아니라, 길을 찾는 기술이다

이제는 수학에 대한 낡은 고정관념부터 버려야 한다. 수학은 단순히 빈칸에 들어갈 정해진 숫자를 찾아내는 정답 채굴 기술이 아니라, 복잡하고 막막한 미로 속에서 목적지까지 가는 가장 논리적이고 효율적인 경로를 탐색하는 길 찾기 기술이다.

아이가 문제집을 펴놓고 펜을 멈춘 채 고민하고 있을 때, 조급한 마음에 "빨리 답 안 내고 뭐 하니? 시험 시간이었으면 벌써 끝났어!"라고 재촉하는 행동은 경계해야 한다. 이는 머릿속에서 막 자라나려는 사고의 싹을 밟아버리는 일과 같다. 한 걸음 물러나 기다려주며 이렇게 물어보자.

"정답은 틀려도 괜찮아. 대신 네가 생각한 풀이 방법이 왜 맞다고 생각했는지, 그 이유를 엄마에게 말로 설명해 줄래?"

아이가 자신의 논리를 설명했다면, 그 다음 단계에서는 AI와 함께 검증하며 학습의 밀도를 높여볼 수 있다. AI에게 이렇게 요청해보는 것이다.

"내가 이 문제를 풀기 위해 세운 논리적 가설이 수학적으로 타당한지 검토해줘. 만약 내 생각에 논리적 비약이 있다면 어느 부분인지 지적해주고, 더 보완할 점도 알려줘."

이처럼 AI를 단순한 답안지가 아니라 논리 검증의 파트너로 활용할 때, 아이의 사고는 더 단단해진다. AI가 단순 계산과 지루한 풀이 과정을 완벽하게 대신해 주는 시대가 왔다. 이제 우리 아이들에게 필요한 생존 능력은 기계처럼 계산 방법을 숙달하는 기능적 역량이 아니다. 해결해야 할 문제가 무엇인지 스스로 정의하고, 수많은 해결책 중에서 왜 그 길을 선택해야 하는지 주체적으로 판단하는 통찰력이다. 판단력이 부족한 아이에게 AI는 숙제를 대신 해주며 뇌를 마비시키는 기계에 불과하다. 그러나 판단력이 서 있는 아이에게 AI는 자신의 한계를 넓혀주는, 세상에서 가장 든든하고 똑똑한 수학 연구 파트너가 될 것이다.

파편화된 지식을 엮어주는
멘토 활용법

대한민국 교실에서 수학을 포기하는 이른바 수포자가 대거 속출하는 구간은 흔히 중2 도형과 고1 함수라고 말한다. 여러 교육 현장에서도 반복해서 언급되는 지점이다. 물론 학습 난이도가 계단식으로 급격히 높아지는 구간이기도 하지만, 더 근본적인 이유는 따로 있다. 아이들이 복잡하고 머리 아픈 개념을 왜 배워야 하는지 전혀 납득하지 못한다는 점이다. 이유를 모르는 고통을 묵묵히 견딜 수 있는 아이들은 많지 않을 것이다.

대다수 아이들에게 수학은 알 수 없는 낯선 기호들을 공식이라는 기계에 넣고 굴려, 출제자가 원하는 정답을 찾아내는 지루한 퍼즐 게임처럼 느껴진다. 삶과는 아무런 접점도 없는, 단지 시험 점수를 얻기 위한 노동인 셈이다. 그래서 아이들은 도발적이지만 본질적인 질문을 던진다.

"선생님, 솔직히 인수분해나 미적분 몰라도 마트에서 콩나물 값 계산하는 데 아무 지장 없잖아요. 사칙연산만 알면 되는데, 굳이 이걸 왜 배워야 해요?"

문제는 진도 나가기에 급급한 교육 현장에서 이 질문에 대해 충분히 설명해 줄 물리적 시간이 거의 없다는 점이다. 결국 "쓸데없는 소리 말고 문제나 더 풀어라", "나중에 어른 되면 다 쓸모가 있다" 같은 무책임하고 궁색한 답변이 돌아오는 경우가 많다. 그러나 이런 상투적인 답변은 요즘 아이들에게 통하지 않는다. 납득하지 못한 뇌는 의미 없는 데이터로 간주하고 거부한다. 의미를 상실한 맹목적인 암기는 공부가 아니라 스트레스만 남길 뿐이다.

바로 이 답답한 지점에서 AI의 진가가 발휘된다. AI는 단순히 문제의 정답만 알려주는 계산기가 아니라, 차가운 공식 뒤에 숨겨진 역사적 맥락을 풀어주고, 그 개념이 현대 사회의 기술과 어떻게 연결되는지 설명해 주는 박식한 멘토가 될 수 있다. AI에게 다음과 같이 질문해 보자.

"지금 배우는 인수분해가 현실에서 어디에 쓰이는지 궁금해. 특히 컴퓨터 보안이나 암호 기술이랑 연결되는 부분이 있다면, 중학생도 이해할 수 있게 예시로 설명해 줘."

이렇게 질문하면 아이는 단순히 풀어야 하는 문제가 아니라 이해하고 싶은 개념으로 수학을 바라보기 시작할 것이다. 단순히 문제를 푸는 단계를 넘어, 이 지식을 왜 배우는지에 대한 답을 찾아가는 과정은 파편화된 정보를 하나로 엮어준다. 공부의 이유를 찾은 아이는 정보를 능동적으로 받아들이기 시작한다. AI라는 멘토를 통해 수학의 쓸모를 발견하는 경험이 진짜 공부의 시작이 된다.

"이걸 왜 배우는 거야?"라는 물음에 답하는 존재

"이걸 도대체 왜 배우는 거야?"

아이들이 책상 앞에서 내뱉는 이 말은 단순한 투정이나 반항이 아니다. 내 삶과 아무 상관없어 보이는 고통스러운 학습에 대한 본질적인 의문이자, 스스로 의미를 찾으려는 호기심이다. 아이의 뇌는 자신이 좋아하는 분야와 학습 내용이 연결되는 순간부터 각성하기 시작한다. AI는 세상의 방대한 지식을 아이의 관심사라는 바늘구멍으로 통과시켜 줄 수 있는 거의 유일한 존재다.

수학 문제집보다 농구공을 더 좋아하는 중학생 아들이 있다고 가정해보자. 아이는 이렇게 말한다.

"엄마, 이차함수 그래프 그리는 거 진짜 너무 지겨워. 내가 수학자 될 것도 아닌데, 농구 하는 데 뭐가 도움이 돼?"

이때 부모가 "그래도 해야지"라고 잔소리를 시작하면 대화는 곧바로 끝날 것이다. 아이의 질문은 사라지고, 남는 것은 반감뿐이다.

이 지점에서 현명한 부모는 AI를 멘토로 소환한다. 아이가 스스로 AI에게 이렇게 묻게 하는 것이다.

"이차함수가 농구랑 진짜 관련이 있어? 있으면 쉽게 설명해 줘."

그러면 AI는 교과서의 언어가 아니라 아이의 세계에서 이해되는 언어로 설명을 시작한다.

"네가 좋아하는 스테픈 커리의 3점 슛을 떠올려봐. 네 손끝을 떠난 공은 중력을 받으면서 위로 올라갔다가, 곡선을 그리며 골대로 떨어져. 그 궤적이 바로 포물선이고, 수학에서는 이차함수로 표현해. 실제로 NBA에서는 슈팅 각도와 공의 궤적을 데이터로 분석해서 성공률을 높이는 훈련도 해. 너도 오늘 던진 슛을 기준으로, 어떤 각도에서 성공 확률이 높아지는지 같이 생각해볼까?"

짧은 대화가 오가는 순간, 아이에게 이차함수는 더 이상 교과서 구석에 박혀 있는 지루한 곡선 그래프가 아니며, 사랑하는 농구를 더 잘하게 만들어주는 비밀 도구로 재탄생하는 것이다. 종이 위에 있던 차가운 수식이 현실의 움직임과 연결되는 순간, 아이는 처음으로 "아, 이게 이런 데 쓰이는구나"라는 감각을 얻게 된다.

부모는 여기서 한 걸음 더 나아가 새로운 학습 습관을 가르쳐야 한다. 공식이 안 외워진다고 연습장에 깜지를 쓰기 전에, 먼저 AI에게 의미를 묻게 하는 습관이다. 아이가 직접 이렇게 질문하도록 지도해 보자.

"이 이차함수 개념이 실제 생활에서 어디에 쓰이는지, 중학생이 이해할 수 있게 예시로 설명해 줘." 혹은 "이 공식을 처음 만든 사람은 누구야? 언제, 왜 만들게 된 거야? 그 당시에는 어떤 문제를 해결하려고 이런 개념이 필요했는지 알려줘."

이런 본질적인 질문은 꽉 막혀 있던 수학 공부의 혈을 시원하게 뚫어준다. 이유를 알면 공부는 고통이 아니라 탐험이 된다.

파편화에서 통합으로 지식의 섬을 연결하자

한국 수학교육의 가장 뼈아픈 폐해 중 하나는 단원 간의 철저한 단절이다. 1학기에 배운 방정식과 2학기에 배우는 함수, 그리고 기하는 서로 남남처럼 따로 논다. 교과서가 단원을 분절적으로 구성하는 탓이다. 그 결과 아이들의 머릿속에 들어온 수많은 지식은 서로 손을 잡지 못한 채, 외로운 섬처럼 둥둥 떠다니게 된다. 그러나 연결되지 않은 지식은 힘이 없으며, 시험이 끝나는 순간 지식은 휘발유처럼 허공으로 증발해 버리고, 다음 학기가 되면 아이의 머릿속은 다시 백지 상태로 돌아가곤 한다.

상위권 학생들의 비밀은 고립된 지식의 섬 사이에 튼튼한 다리를 놓는 데 있다. 방정식과 함수가 사실은 같은 뿌리에서 출발한다는 사실을 이해하고, 기하학적 도형을 대수학적 식으로 바꾸는 구조화 능력을 갖추려고 노력한다. AI는 이 구조화를 도와주는 강력한 지적 접착제 역할을 한다. 공식만 외우던 학생이라면, 다음과 같은 질문을 던지도록 가르쳐보자.

"미분이랑 과학 시간에 배운 속력이랑 뭐가 연결되는 거야? 둘이 비슷한 개념이야?" 혹은 "주식 차트에서 그래프가 갑자기 가파르게 올라갈 때가 있잖아. 그걸 수학으로 설명하면 미분이랑 관련이 있는 거야?"

질문을 던지면 AI는 순식간에 시공간을 뛰어넘어 거대한 지식의 지도를 그려준다. 중등 개념인 '시간 대비 이동 거리'에서 출발해, 고등 개념인 '순간 변화율'로 확장하고, 나아가 실시간 주가 변동이나 속도의 변화 같은 현실의 현상까지 자연스럽게 연결해 준다. 이 과정에서 아이는 어느 순간 스스로 깨닫는다.

"아, 그러니까 속력을 더 잘게 쪼개서 순간순간을 보는 게 미분이구나. 우리가 배운 기울기가 그래프가 오르고 내리는 추세였네."

이런 유레카의 순간을 경험하면, 머릿속에 흩어져 있던 지식은 파편이 아니라 그물망이 된다. 학습 연구에서는 기억이 연결과 맥락 속에서 강화된다고 말한다. 맥락으로 엮인 지식은 시험이 끝나도 쉽게 사라지지 않고 장기 기억으로 남게 된다. 개념의 가계도를 파악한 학생은 시험에서 처음 보는 낯선 킬러 문항을 마주해도 쉽게 무너지지 않을 것이다. 생김새는 달라도 본질은 이미 배운 개념의 연장선이라는 사실을 유추하며, 자신 있게 문제에 접근할 수 있기 때문이다.

꼬리에 꼬리를 무는 호기심을 엮자

과거에는 백과사전처럼 머릿속에 많은 정보를 담고 있는 사람이 인재였다. 그러나 검색 한 번이면 모든 정보가 쏟아지는 AI 시대가 진정으로 원하는 인재는 흩어진 정보들을 자기만의 관점으로 연결해 새로운 가치를 만들어내는 사람이다. 이제는 지문을 정확히 읽어내는 국어적 문해력, 그 안에 숨어 있는 물리적 현상을 이해하는 과학적 사고, 데이터를 해석하는 유연한 융합적 사고가 필수적이다. AI는 아이가 아무리 엉뚱해 보이는 질문을 던져도 타박하지 않는다. "그건 시험에 안 나와"라며 호기심을 꺾지도 않는다. 오히려 질문의 꼬리를 물고 더 넓은 세계로 아이를 안내한다. 아이와 함께 AI에게 이렇게 질문해 보자.

"피타고라스 정리는 이해했는데, 피타고라스 학파는 왜 콩을 먹으면 안 된다고 했어? 그게 수학이랑 무슨 상관이야?" 혹은 "원주율 숫자를 음악으로 바꿔서 곡을 만든 사람이 있다던데, 숫자가 어떻게 소리가 될 수 있는 거야?"

이런 질문을 던질 수 있는 능력 자체가 강력한 경쟁력이다. 서로 다른 분야를 넘나들며 지식을 연결해 본 짜릿한 경험은 창의성의 원천이 된다. 훗날 남들이 보지 못하는 사각지대에서 새로운 기회를 포착하고, 세상에 없던 기술을 만들어내는 힘은 바로 여기서 나온다. 아이들이 지식을 쌓는 방식은 크게 서랍형과 네트워크형의 두 가지 유형으로 구분해 볼 수 있다.

서랍형 학생은 칸칸이 막혀 서로 섞이지 않는 약장 서랍처럼 공부한다. 머릿속에 방정식 서랍, 함수 서랍, 도형 서랍이 각각 따로 존재한다. 문제를 보면 어떤 서랍을 열어야 하는지 찾는 데 집중한다. 평범한 문제에서는 이 방식이 빠르고 효율적으로 보일 수 있다. 그러나 여러 개념이 섞인 융합형 문제가 등장하는 순간 "이건 안 배운 건데요"라며 당황하고, 어느 서랍을 열어야 할지 몰라 우왕좌왕하다 포기하는 장면이 반복되기 쉽다.

네트워크형 학생은 별자리나 뇌 속 뉴런처럼, 촘촘하게 연결된 구조로 지식을 쌓는다. 방정식과 함수가 이어져 있음을 알고, 수학 개념이 주식 시장이나 건축물, 음악 같은 현실 세계와 연결된다는 사실을 자연스럽게 받아들인다. 하나의 개념을 낚싯줄처럼 당기면 연결된 연관 지식이 줄줄이 따라 나온다. 아이는 어떤 상황에서도 응용할 수 있는 유연성을 갖춘 학생으로 성장하게 된다.

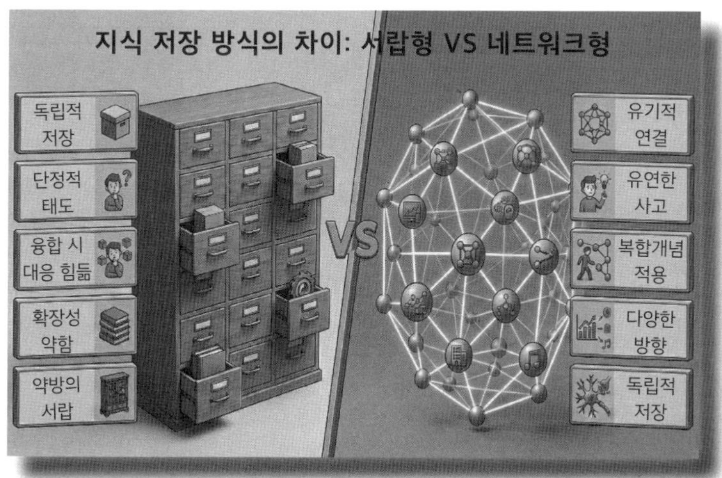

아이가 책상에 앉아 수학 문제집을 풀다가 멍하니 있더라도 다그치거나 윽박지르지 말아야 한다. 게으름을 피우는 것이 아니라, 의미 없는 기호들의 나열 속에서 길을 잃고 구조 신호를 보내는 중일지도 모른다. 바로 이때가 부모가 개입해야 할 골든타임이다. 잔소리 대신 아이 곁에 앉아 조용히 물어보자.

"지금 이 문제, 진짜 어디에 쓰이는지 궁금하지 않아? 우리 그냥 AI한테 한번 물어볼까?"

실제로 AI에게 쓰임새를 묻는 과정부터 시작해 보자. 아이가 일차함수를 배우고 있다면, 이렇게 질문하게 한다.

"일차함수 $y=2x+3$이 무슨 뜻인지 택시 요금으로 비유해서 설명해 줘. x가 늘어날수록 y가 왜 그렇게 바뀌는지도 같이 알려줘."

아이는 공식이 아니라 관계와 의미로 수학을 이해하기 시작한다. 자신이 이것을 왜 배워야 하는지 이유와 목적을 깨달은 아이는 누가 시키지 않아도 풀이 방법을 스스로 찾아낼 것이다. 아이에게 수학을 억지로 떠먹이려 하지 말고, 수학이 얼마나 유용한 도구인지 먼저 맛보게 해야 한다. 의미를 찾은 아이에게 수학은 더 이상 피하고 싶은 공포의 대상이 아니다. 오히려 세상을 이해하는 가장 강력한 언어가 된다.

오답 노트의 진화,
쌍둥이 문제 생성해 풀기

"엄마, 저 오늘 오답 노트 정리하느라 1시간이나 걸렸어요."

아이의 노트를 펼쳐보면 하나의 예술 작품처럼 보이기도 한다. 틀린 문제를 정성스럽게 오려 붙이거나 태블릿으로 깔끔하게 정리하고, 형형색색의 형광펜으로 해설지의 풀이 과정을 예쁘게 받아 적어 놓는다. 보기에는 기특하고 성실해 보이지만 부모는 여기서 냉정해져야 한다. 쓴소리처럼 들릴 수 있으나, 이것은 머리를 쓰는 공부가 아니라 손목만 아픈 필기 노동일 가능성이 크다.

진짜 문제는 그 다음에 발생한다. 아이는 해설지를 그대로 베껴 적으며 자신이 그 문제를 이해했다고 착각한다. "아, 이렇게 푸는 거였지" 하며 고개를 끄덕이지만, 불과 며칠 뒤 숫자만 살짝 바뀐 똑같은 유형의 문제가 나오면 다시 틀린다. 문제 속 수학적 논리를 깨우친 것이 아니라, 해설지에 적힌 풀이 절차를 통째로 암기해버렸기 때문이다. 기존 오답 노트 방식의 결정적인 한계는 다시 검증

할 새로운 문제가 없다는 점이다. 이미 정답이 3번이라는 사실을 알고 있는 상태에서 틀린 문제를 다시 푸는 것은 실력을 점검하는 과정이 아니다. 그것은 기억력을 테스트하는 일에 가깝다.

실력을 진짜 내 것으로 만들려면 논리 구조와 풀이 방식은 같되, 숫자나 조건, 상황만 완전히 다른 문제가 반드시 필요하다. 교육 현장에서는 이를 쌍둥이 문제, 혹은 유사 문항이라고 부른다. 과거에는 비슷한 문제를 일일이 찾아내야 했지만 이제는 상황이 달라졌다. AI는 단 몇 초 만에 세상에 없던 쌍둥이 문제를 무한대로 만들어낼 수 있다. AI를 활용할 때 이렇게 요청해 보자.

"내가 틀렸던 문제랑 똑같은 방식으로 풀어야 하는 문제를 3개만 새로 만들어 줘. 난이도는 비슷하게 해 주고, 숫자랑 조건만 바꿔 줘. 정답이랑 풀이도 같이 보여 줘."

이 방식은 아이가 단순히 풀이 과정을 외운 것인지, 아니면 개념의 본질을 이해한 것인지 냉정하게 판가름해 준다. 똑같은 유형을 완전히 소화할 때까지 유사 문항을 생성하고 반복해서 풀어보는 과정이 진짜 오답 공부다. 손목이 아픈 필기 대신 뇌를 자극하는 실전 연습을 반복할 때, 아이의 수학적 사고 근육은 비로소 단단해진다.

쌍둥이 문제를 생성하여 약점을 강점으로

상위권 학생들의 공부 비결에 거창한 비밀이 숨어 있는 것은 아니다. 핵심은 틀린 문제를 예쁘게 정리하는 것에서 멈추지 않고, 같은 구조의 문제로 다시 검증하는 데 있다. AI 활용법도 마찬가지이다. 학생이 자신이 틀린 문제를 AI에게 보여주고, 쌍둥이 문제를 만들어 다시 풀어보는 방식이 가장 단순하면서도 강력하다. AI에게 다시 이렇게 요청해 보자.

"내가 방금 틀린 문제랑 비슷한 문제를 3개만 더 만들어 줘. 푸는 방식은 비슷하게 하고, 숫자랑 조건만 바꿔 줘. 난이도는 쉬운 것, 보통, 어려운 것으로 나눠 줘. 정답이랑 풀이도 함께 보여 줘."

이 한 문장으로 AI는 학생만을 위한 맞춤형 출제 위원처럼 작동한다. 문제를 받으면 학생은 해설지를 덮고, AI가 만든 쌍둥이 문제를 긴장된 마음으로 풀어본다. 결과는 두 가지로 나뉜다.

추가 문제를 맞혔다면 이전 오답에서 틀린 원인을 잡은 것이고, 그 문제의 핵심 개념과 논리 구조를 이해했다는 증거가 된다. 이때는 미련 없이 다음 단계로 넘어가도 되지만, 반대로 문제를 또 틀렸다면 모른다는 것을 인정해야 한다. 형광펜을 칠하며 정성스럽게 정리했던 오답 노트가, 실제로는 남이 푼 해설을 구경한 것에 가까웠다는 뜻이다. 개념을 자기 것으로 만들지 못했으니, 다시 처음으로 돌아가야 한다. 틀린 지점이 계산 실수인지, 개념 오해인지, 조건 해석 오류인지부터 다시 점검하고 재학습을 시작해야 한다.

이 검증 과정은 정직하고 냉혹하다. "나 이거 아는 것 같아"라고 스스로를 속이던 착각을 가차 없이 벗겨내기 때문이다. 그러나 이 과정을 통과한 개념은 깊게 새겨져 쉽게 지워지지 않는다. 오답 노트의 목적은 남에게 보여주기 위한 예쁜 기록이 아니다. 틀린 문제를 확실히 제압했는지 끝까지 추적해 확인하는 집요한 검증 과정이며, 이것이 진짜 공부의 본질이다.

핑계가 통하지 않는 문제의 무한리필 제공

"엄마, 저 이 문제집 다 풀어서 더 이상 풀 게 없어요."

과거에는 아이의 이런 한마디가 꽤 그럴듯한 면죄부가 되기도 했다. 그러나 이제 '풀 게 없다'는 말은 예전만큼 설득력을 갖기 어렵다. 우리는 AI라는 지치지 않고 24시간 가동되는 거대한 문제 생산 공장을 가지게 되었기 때문이다. 특히 원리는 이해했지만 단순 계산 실수가 잦은 학생에게 이 방법은 특효약이 된다. 분수 계산에서 통분 과정만 들어가면 자꾸 실수가 나는 아이라면 이렇게 말해보자.

"개념은 아는데 계산에서 자꾸 틀리네. AI한테 분모가 다른 분수 덧셈·뺄셈 문제를 20개만 만들어 달라고 해서, 지금 여기서 한 번 쭉 풀어보자."

예전 같으면 부모가 서점에 가서 연산 문제집을 새로 사 와야 했다. 필요한 분량은 고작 몇 페이지뿐인데도 책 한 권을 통째로 사야

하니 비용과 시간 낭비가 컸다. 지금은 그 자리에서 프린터로 출력하거나 태블릿 화면에 띄우면 충분하다. 1분도 채 걸리지 않는다. 아이가 특정 유형, 예를 들어 소금물 농도 구하기나 거리·속력 문제에 유독 약하다면 AI를 통해 해당 유형만 집중적으로 생성할 수도 있다. 아이가 "이제 진짜 알겠어"라고 말할 때까지 50문제든 100문제든 뽑아 정복하게 하는 방식이다.

이것을 교육학 용어로는 '드릴 학습의 개인화'라고 부른다. 이미 잘하는 불필요한 부분은 과감히 건너뛰고, 취약한 지점에만 집중적으로 처방을 내리는 외과 수술 같은 공부법이다. 시간 낭비는 줄고 학습 효율은 극대화된다. 오답을 내 것으로 만드는 과정은 멈추지 않는 하나의 순환 시스템이 되어야 한다. 이제 오답을 완벽하게 정복하는 5단계 프로세스를 살펴보자.

오답을 정복하는 5단계 루프

Error(오답 발생)

아이가 문제를 틀리는 상황은 단순한 실수가 아니다. 지식의 구멍이 어디에 있는지 드러난 소중한 신호이다. 여기서 멈추면 실패가 되지만, 신호를 끝까지 따라가면 성장이 된다. 오답은 부끄러운 것이 아니라 다음 실력을 만드는 출발점이다.

Analysis(AI 분석)

아이는 AI에게 이렇게 묻는다. "내가 이 문제를 왜 틀렸는지 알려 줘. 내가 세운 풀이 과정에서 어디가 논리적으로 잘못됐는지도 짚어 줘." AI는 문제 속 출제 의도를 정리해주고, 아이가 놓친 핵심 개념과 사고 흐름을 추출해 준다. 아이는 단순히 답을 확인하는 수준을 넘어 '왜'라는 질문으로 약점을 정확히 마주하게 된다. 이것이 AI 시대의 새로운 오답 노트이다.

Generation(쌍둥이 문제 생성)

아이는 다시 AI에게 요청한다. "방금 분석한 문제랑 똑같은 방식으로 풀어야 하는 문제를 3개만 더 만들어 줘. 난이도는 비슷하게 하고, 숫자랑 조건만 바꿔 줘. 정답이랑 풀이도 같이 보여 줘." AI는 즉시 변형된 쌍둥이 문제를 생성한다. 뼈대는 같지만 겉모습이 달라진 문제는 아이가 진짜로 이해했는지, 아니면 해설을 외웠는지를 가려내는 장치가 된다.

Practice(실전 풀이)

아이는 해설지를 베껴 쓰는 대신, AI가 만들어낸 낯선 문제를 직접 푼다. 답을 모르는 상태에서 다시 문제를 마주하기 때문에 실전 같은 긴장감이 생긴다. 머릿속에서 개념이 실제로 작동하는지 시험해보는 과정이다. 이 순간 아이는 공부를 '확인'하는 것이 아니라 '훈련'하게 된다.

Verify(검증 및 탈출)

생성된 3문제를 모두 맞혀야만 비로소 이 루프에서 빠져나올 수 있다. 또 틀린다면 적당히 넘어가는 타협은 없다. 다시 분석 단계로 돌아가 원인을 점검하고, 새로운 문제를 생성해 재학습해야 한다. 반복이 쌓일수록 오답은 줄어들고 실력은 단단해진다. 해설지를 눈으로 보고 베껴 쓰는 공부는 결국 노동에 불과하다. AI로 문제를 새로 생성하고, 내 손으로 직접 정답을 맞힐 때까지 반복해서 풀어보자. 비로소 오답은 약점이 아니라 실력의 발판이 된다.

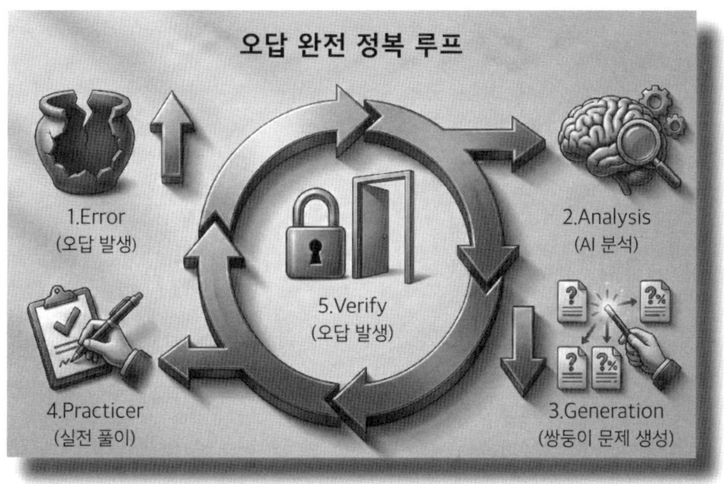

"조건을 바꾸면 어떻게 돼?"라는 역질문

수학적 사고력이 뛰어난 최상위권 학생은 문제를 수동적으로 푸는 데서 멈추지 않는다. 이들은 문제 자체를 장난감처럼 다룬다. 출제자가 정해놓은 조건을 비틀고 바꿔보며 사고 실험을 즐긴다. AI는 이런 고차원적 사고 과정을 즉각적으로 도와주는 최고의 시뮬레이터가 된다. 문제를 마친 뒤 아이가 AI에게 역질문을 던지도록 유도해보자. 기하 문제를 풀었다면 이렇게 묻게 한다.

"방금 문제에서 정삼각형 조건을 이등변삼각형으로 바꾸면 정답이랑 풀이가 어떻게 달라져? 아까랑 똑같은 방식으로 풀어도 돼?"

AI는 조건 변화로 풀이 과정이 달라질 수 있다는 점을 구체적으로 설명해준다.

"정삼각형은 세 변이 모두 같아서 여러 성질이 동시에 성립하지만, 이등변삼각형으로 바꾸면 그 성질이 깨지게 돼, 그래서 아까처럼 같은 보조선을 쓰면 오히려 틀릴 수 있어. 이 경우에는 꼭짓각의 이등분선을 활용하는 접근이 더 적절하다고 볼 수 있어."

이러한 방식으로 풀이 방향을 다시 잡아준다. 이런 대화를 반복하면 아이는 공식의 적용 범위를 뼈저리게 체득한다. 자신이 외운 공식이 만능열쇠가 아니라, 특정 조건에서만 작동하는 제한된 도구라는 사실을 깨닫는다. 조건을 확인하지 않고 무작정 식을 대입하는 행위가 얼마나 위험한지도 스스로 인지하게 된다. 깨달음이 쌓이면 주어진 문제를 풀어내는 해결사 단계에서 벗어나, 조건을 변형하고 새로운 문제를 만들어내는 설계자로 도약할 수 있다. AI와 함께하는 수학 공부가 지향해야 할 최종 목적지인 것이다. 오답 노트를 틀린 문제를 반성하는 단순한 기록으로 남겨두지 말아야 한다. 끊임없이 질문을 던지고 조건을 비틀어보며, 세상에 없던 새로운 문제를 탄생시키는 살아 있는 인큐베이터로 활용해야 한다.

수학은 손이 아니라 머리로 하는 것이다

아이가 오답 노트를 예쁘게 꾸미느라 글씨체를 다듬고 스티커를 붙이는 데 아까운 에너지를 낭비하게 두지 말아야 한다. 그 시간에 AI가 생성한 숫자만 바뀐 쌍둥이 문제를 한 문제라도 더 푸는 편이 훨씬 유익하다. 보여주기식 공부는 이제 멈춰야 한다. 형광펜으로 교과서 중요 부분에 밑줄을 긋고 색칠하며 느끼는 가짜 만족감에 취하지 말고, AI에게 한 번이라도 더 집요하게 물어보는 편이 낫다.

"이 풀이에서 두 번째 단계에서 갑자기 이 공식이 왜 나오는 거야? 꼭 이렇게 해야 돼? 다른 방법으로 시작할 수도 있어?"

이런 질문은 손을 움직이는 공부가 아니라 사고를 움직이는 공부를 만든다. AI 시대의 수학 공부 본질은, 손목이 아프도록 베껴 적는 육체적 노동에서, 뇌의 시냅스를 연결하고 구조를 파악하는 사고의 영역으로 완전히 이동하고 있다. 손으로만 성실하게 반복하는 노력으로는 지치지 않고 계산하는 AI를 이길 수 없다. 반대로 머리로 깊게 사고하며 AI를 도구로 활용하고, 필요하면 역으로 문제를 출제시켜보는 학생은 어떤 첨단 기술로도 대체할 수 없는 고유한 존재가 될 것이다.

무엇(What)을 아는 아이, 왜(Why)를 묻는 아이

수학이 길을 찾는 기술이라면, 탐구는 세상의 구조를 읽는 기술이다. 과학과 사회 같은 탐구 영역은 오랫동안 암기 과목으로 취급되어 왔다. 주기율표를 외우거나 역사적 사건의 연도를 앞글자로 따서 외우는 방식이 흔했다. 그러나 AI 시대에 이런 단순 지식은 예전만큼의 경쟁력을 갖지 못한다. 임진왜란이 발생한 연도는 AI에게 물어보면 몇 초 만에 답이 나오기 때문이다.

탐구 영역의 핵심은 지식을 많이 아는 데 있지 않다. 흩어진 정보를 연결해 현상을 이해하는 힘에 중심이 이동하고 있다. AI는 이 과정에서 최고의 사고 실험실 역할을 수행한다. 아이가 AI를 단순히 용어를 찾는 사전처럼만 쓰게 해서는 안 된다. 교과서에는 나오지 않는 가정을 직접 던지게 해야 한다.

"지구 중력이 지금의 절반이 되면 내 몸무게는 어떻게 바뀌어? 점프할 때는 더 높이 뛰게 돼?" 혹은 "조선 시대에 스마트폰이 있었다면 전쟁 방식이 어떻게 달라졌을까? 연락이 빨라지면 전략이 어떻게 바뀌는지도 같이 생각해 줘."

질문을 던지는 순간 AI는 단순 검색창이 아니라 시뮬레이터가 된다. 아이는 AI가 제시한 설명을 따라가며 중력 가속도의 원리를 구체적으로 이해하고, 통신 기술이 사회 구조에 미치는 영향을 스스로 추론하게 된다. 이것이 살아 있는 탐구이다.

많은 부모는 아이가 과학 숙제를 하며 AI에게 "광합성이 뭐야?"라고 묻는 모습을 보고 안심한다. 그러나 그것은 출발점에 불과하다. 탐구의 깊이는 정의에서 끝나지 않는다. 진짜 학습은 꼬리에 꼬리를 무는 질문에서 시작된다. 예를 들어 "식물이 초록색이 아니라 보라색이었다면 광합성은 더 잘됐을까? 빛을 흡수하는 방식이 달라지면 효율도 달라져?" 같은 질문이다. AI는 기존 지식과 논리를 바탕으로 추론을 제시하고, 아이는 그 과정에서 교과서 문장 뒤에 숨은 원리를 이해한다.

사회 탐구도 마찬가지다. 경제 용어나 사회 현상을 배울 때 AI에게 한쪽 주장만 묻지 말고, 반대 관점도 함께 요청해야 한다.

"최저임금이 오르면 좋은 점이랑 나쁜 점이 동시에 있다고 하잖아. 소상공인 입장에서는 어떤 문제가 생기고, 노동자 입장에서는 어떤 이점이 생기는지 둘 다 정리해 줘"

이렇게 질문해보는 방식이다. 그러면 아이는 AI의 답을 바탕으로 한 가지 결론에 서둘러 도착하지 않고, 여러 관점을 비교하며 판단하는 힘을 기르게 된다. 수학이 답을 향해 논리의 계단을 쌓는 과정이라면, 탐구는 세상이라는 거대한 구조의 설계도를 이해하는 과정이다. AI는 그 설계도를 입체적으로 보여주는 3D 뷰어와 같다. 그 뷰어를 직접 조작해 이리저리 돌려보고 확대하며 분해해 보는 아이만이 단순한 지식 소비자를 넘어, 새로운 가치를 만들어내는 개념 설계자로 성장할 것이다.

3부

AI가 절대로 해결해주지 못하는 '습관'의 영역

제 7 장

질문의 수준이 곧 성적이다.
'활용성 격차'의 비밀

월 2만 원으로 고액 과외 효과를 내는 아이들의 공통점

정보 접근성이 과거보다 크게 확대된 시대가 되었다. 지역과 상관없이 많은 학생이 유사한 수준의 AI 도구에 접근할 수 있게 되었고, 월 구독료 2만 원 남짓이면 세계 석학 수준의 지식과 설명을 비교적 넓은 범위의 사용자에게 제공할 수 있게 되었다. 그러나 같은 도구를 쓰더라도 결과는 크게 달라질 수 있다. 어떤 학생은 AI를 발판 삼아 사고력이 빠르게 성장하고 성적도 상위권으로 올라가는 반면, 누군가는 AI를 숙제를 대신 해치우는 용도로만 사용하며 스스로 생각하는 힘을 잃어간다.

이 차이를 지능이나 의지 하나로만 설명하기 어렵다. 결정적인 차이는 AI에게 던지는 질문의 수준과 사용 방식에 있기 때문이다. AI는 마법의 도구라기보다 사용자의 사고 수준을 그대로 비춰주는 거울에 가깝다. 단편적인 질문에는 뻔한 답이 돌아오지만, 예리하고 깊이 있는 질문에는 놀라운 통찰과 전문적인 설명이 쏟아진다. 결국 입력값의 수준이 출력값의 수준을 결정하는 구조이다.

월 2만 원으로 고액 과외 이상의 효과를 얻는 학생들에게는 뚜렷한 공통점이 있다. 이들은 단순히 "풀어줘"라고 요구하지 않는다. 자신이 무엇을 알고 싶고, 어디에서 막혔는지, 어떤 조건이 필요한지를 구체적으로 설명한다. AI가 최적의 답을 내놓을 수 있도록 맥락을 먼저 제공하는 것이다.

"일차방정식 풀어줘"라고 요청하는 대신, "나는 이 문제에서 식을 세우는 단계가 잘 이해되지 않아. 왜 이 식이 나오는지 단계별로 설명해 줘. 그리고 같은 방식으로 풀어야 하는 비슷한 난이도의 문제를 2개만 더 만들어 줘."

질문이 정교해질수록 AI는 더 유능한 개인 교사로 변모한다. 결국 질문의 기술이 새로운 시대의 학습 성과를 결정짓는 핵심 열쇠가 되는 것이다.

질문의 레벨이 곧 사고의 레벨이다

아이들이 AI에게 던지는 질문 창을 들여다보면, 그 아이의 학습 수준과 사고 방식이 어느 정도 드러난다. 질문은 아는 만큼만 할 수 있는 정직한 지적 활동이기 때문이다. 결국 질문의 깊이가 곧 사고의 깊이를 증명한다. 질문의 수준에 따른 세 가지 레벨을 살펴보자.

레벨 1은 AI를 검색창처럼 쓰는 단계다. 윤동주의 「서시」를 해석해달라고 묻는 순간, 교과서나 참고서에 실려 있는 일반적인 요약이 출력된다. 누구나 얻을 수 있는 정보이기에 차별점이 없다. 이 단계의 아이는 AI를 과거의 검색 엔진처럼 사용하며, 스스로 생각하는 과정을 멈춘 채 정보를 수동적으로 받아들인다.

레벨 2는 자신의 상황과 난이도를 제시해 답변을 조절하는 단계다. "중학교 2학년 수준으로 「서시」를 이해하기 쉽게 설명해줘"라고 요청하면 어려운 용어는 줄어들고 또래 눈높이에 맞춘 친절한 설명이 나온다. 자신의 수준에 맞는 정보를 얻는 데는 성공했지만, 여전히 중심은 소비에 머문다. 정보를 바탕으로 새로운 관점이나 해석을 만들어내는 생산적인 활동으로까지 이어지지 않는 경우가 많다.

레벨 3은 AI를 전략적으로 지휘하는 단계다. 아이는 이미 '일제강점기 지식인의 고뇌'라는 관점과 '부끄러움'이라는 핵심 키워드를 머릿속에 세워둔 상태에서, 이것이 시 전체에서 어떻게 변주되고 심화되는지 비평적으로 분석해달라고 요청한다. 나아가 그 해석이 오늘날 무한 경쟁 시대를 사는 학생들에게 어떤 철학적 메시지가 될 수 있는지까지 정리하도록 설계한다. 이때 AI는 정답 제공자가 아니라 사고 확장의 도구가 되며, 주도권은 온전히 아이가 쥐고 있다.

좋은 과외 선생님은 학생의 수준을 파악해 생각의 물꼬를 트는 키워드를 던져주고, 단편적인 지식을 연결할 수 있도록 도와준다. 레벨 3의 아이들은 AI에게 바로 그 역할을 수행하도록 구체적으로 지시한다. AI를 단순한 기계로 만들지, 뛰어난 사고의 파트너로 만들지는 프롬프트 설계에 달려 있다. 완성도 높은 질문은 배경, 임무, 제약조건이라는 세 가지 조각이 맞춰질 때 만들어진다.

배경은 무대를 설정하는 단계다. "나는 수행평가 에세이를 쓰는 중학생이다." 혹은 "역사학자의 관점에서 분석해달라."처럼 역할과 상황을 정해주면 AI의 시각과 어조가 그에 맞게 조정된다. 덕분에 지나치게 어렵거나 유치한 답변을 피할 수 있다.

임무는 AI가 해야 할 일을 분명히 지시하는 단계다. "세 줄로 요약해줘.", "반박해줘.", "초등학생도 이해할 수 있게 설명해줘."처럼 구체적인 행동을 지정해야 원하는 결과물을 얻을 수 있다.

제약조건은 출력의 틀을 짜는 단계다. "표로 정리해줘.", "세 문장 이내로 작성해.", "전문 용어는 사용하지 마."처럼 형식과 범위를 제한하면 정보가 과잉으로 쏟아지는 일을 막을 수 있고, 바로 활용 가능한 답을 얻을 수 있다.

학습 성취도가 높은 학생들 중 상당수는 이 세 박자(배경-임무-제약)를 갖춰 질문하는 경향이 있다. 이 중 하나라도 빠지면 답변의 질이 떨어지거나, 원하는 방향으로 나오지 않을 수 있다. 결국 질문을 설계하는 능력이 곧 아이의 진짜 실력이 되는 것이다.

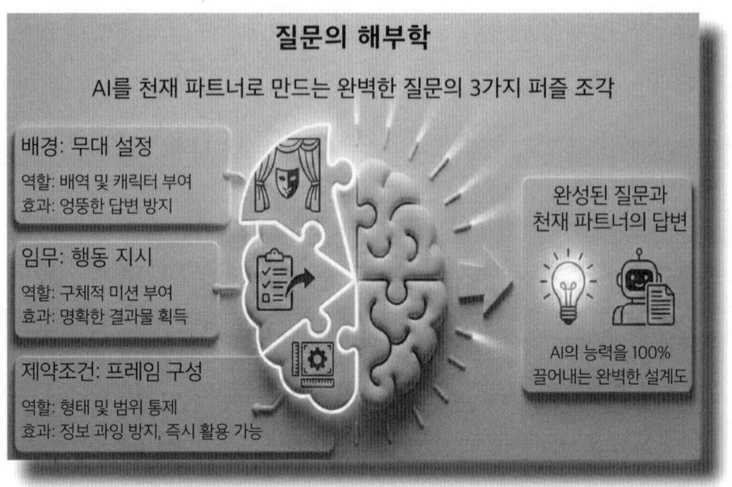

아는 만큼 질문할 수 있다

AI 시대의 가장 중요한 역설과 마주할 때가 왔다. 많은 아이와 어른들은 "AI에게 물어보면 몇 초 만에 답이 나오는데, 왜 머리 아프게 공부를 해야 하느냐"고 묻는다. 이 질문에 대한 답은 의외로 단순하다. 공부는 정답을 얻기 위해서가 아니라, 제대로 묻기 위해서 필요하기 때문이다.

냉정하게 말해 배경지식이 부족한 아이는 고차원적인 질문을 던지기 어렵다. 질문은 자신이 아는 세상의 크기만큼만 할 수 있기 때문이다. 역사책을 읽지 않아 일제강점기라는 시대적 비극이나 지식인의 고뇌라는 개념을 잘 모른다면, 어떻게 AI에게 특정 시를 식민지 지식인의 관점에서 분석해달라고 요청할 수 있겠는가? 아는 것이 없으면 질문의 방향 자체가 떠오르지 않는다.

배경지식이 부족한 아이에게 최첨단 AI는 그저 심심풀이 대화를 나누는 채팅 로봇이거나 숙제 대행 도구에 불과할 것이다. 아무리 비싼 도구를 쥐어줘도 활용법을 모르는 셈이다. 반면 평소 책을 읽고 다양한 배경지식을 쌓은 아이에게 AI는 지식을 심화해주고 사고를 확장해주는 세상에서 가장 똑똑한 토론 파트너이자 선생님이 될 것이다. 결론은 비교적 분명하다. AI 시대에도 공부의 필요성은 줄어들지 않는다. 오히려 과거와는 다른 방식으로, 더 전략적으로 공부해야 할 필요가 커졌으며, 다만 목적이 달라졌을 뿐이다. 이제 공부는 정답을 달달 외우기 위해서가 아니라, AI에게 수준 높은 질문을 던질 수 있는 지적 자격을 갖추기 위해 해야 한다.

AI가 보여주는 결과물은 결국 사용자가 가진 지식의 깊이를 그대로 투영한다. 아이가 AI를 제대로 부리는 설계자로 성장하길 원한다면, 먼저 아이의 머릿속에 질문의 재료가 될 배경지식을 풍부하게 채워주어야 한다. 배경지식은 AI라는 거인의 어깨 위에 올라타기 위한 가장 강력한 발판이 될 것이다.

질문 근육을 키우는 꼬리에 꼬리를 무는 대화

AI에게 단 한 번 질문하고 답변을 얻은 뒤 곧바로 채팅창을 닫는 행위는 최신형 스마트폰을 시계로만 쓰는 것과 다름없다. 이는 AI의 능력을 10퍼센트도 활용하지 못하는 셈이다. 진짜 고수들은 AI

와 탁구를 치듯 질문과 답을 주고받으며 사고의 사슬을 촘촘하게 엮어 나간다. 이런 방식은 흔히 '체인 프롬프팅'이라고도 불린다. 단순한 지식 검색에서 출발해 고차원적인 통찰로 나아가는 질문의 4단계 진화 과정을 살펴보자.

1단계는 정의를 묻는 과정이다. 메타버스가 무엇인지처럼 가장 기초적인 질문을 던지며 개념의 뜻을 정확히 파악한다.

2단계는 관계를 묻는 질문이다. 메타버스와 가상현실 게임은 어떤 점에서 다르고, 어디에서 겹치는지 중학생 수준에서 설명해달라고 요청해보자. 사고가 확장되는 지점은 바로 여기다. 비슷한 개념을 비교하고 대조하며 차이를 분명히 구분하는 힘이 길러진다.

3단계는 가정을 던지는 질문이다. 비판적 사고력이 본격적으로 자라나는 단계다. 기술이 발전해 메타버스가 현실보다 더 완벽해진다면, 사람들은 만족스럽지 못한 현실을 포기하고 그 안으로 들어가게 될까? 영화 《매트릭스》처럼 인간의 삶이 가상 세계로 완전히 옮겨갈 가능성을 윤리적 관점에서 분석해달라고 요구해보자. 정해진 답이 없는 철학적 고민이 시작되는 순간이다.

4단계는 적용의 과정이다. 거대 담론을 나의 삶과 연결한다. 예를 들어 건축가를 꿈꾸는 아이에게 "이런 미래가 온다면 내게 위기일까, 기회일까?"라는 질문을 던져보게 하자. 가상 세계에서도 현실의 건축적 미학이 필요한지, 아니면 완전히 새로운 설계 능력이 요구되는지 알려달라고 요청하는 것이다. 지식이 진로를 위한 구체적인 도구로 변하는 순간이기도 하다.

질문의 사슬이 이어질수록 아이는 더 많은 정보를 연결하며 사고의 폭을 넓히게 될 것이다. 질문할 줄 모르는 수동적인 아이에게 AI는 정답만 내놓는 계산기에 불과하지만, 호기심을 밀어붙이는 아이에게 AI는 24시간 대기 중인 강력한 싱크탱크가 된다. 부모는 아이에게 스마트 기기를 건네며 단순히 "아껴 써라"라고 말하기보다, 그 가치를 먼저 일깨워주어야 한다.

"이 도구는 네가 얼마나 똑똑하고 집요하게 질문하느냐에 따라 게임을 위한 장난감이 될 수도 있고, 너를 성장시켜 줄 최고의 과외 선생님이 될 수도 있다."

이렇게 말해 보자. 결국 가치는 오직 아이의 질문에 달려 있다. 오늘 AI에게 무엇을 물어보고 싶은지 대화를 시작해 보는 것만으로도 아이의 학습 태도는 달라지기 시작할 것이다.

질문 없는 아이에게
AI는 작동하지 않는다

2000년대 초반 교육계의 가장 뜨거운 화두는 디지털 격차였다. 집에 성능 좋은 컴퓨터가 있는지, 초고속 인터넷이 설치되어 있는지 같은 물리적 환경의 차이가 정보의 불평등을 만든다고 여겼기 때문이다. 정부는 막대한 예산을 투입해 저소득층 가정에 PC를 보급하고 산간벽지 학교까지 와이파이를 설치했다. 그 결과 20년이 지난 지금, 대한민국은 세계 최고 수준의 디지털 인프라를 갖추게 되었다. 초등학생조차 고성능 스마트폰을 들고 다니며 언제 어디서든 모든 정보에 접속할 수 있게 되었다.

하드웨어 접근성의 격차는 사실상 사라졌다. 그러나 물리적 장벽이 사라진 자리에, 과거보다 훨씬 무섭고 은밀하며 교정하기 어려운 새로운 격차가 자라나기 시작했다. 도구를 다루는 능력의 차이, 즉 '활용성의 격차'다. 최신형 태블릿을 가진 아이에게 AI를 실행시켜 "평소 궁금했던 것을 마음껏 물어보라"고 하면, 많은 아이가 무엇을 물어봐야 할지 몰라 멈칫한다. "선생님, 도대체 뭘 물어봐야 해요?”라고 되묻거나, 빨리 숙제를 끝내고 게임을 하고 싶다며 “그냥 정답만 알려달라”고 재촉하기도 한다.

교육 현장에서 자주 목격되는 안타까운 장면이다. 인류 역사상 가장 똑똑한 기계는 준비되었는데, 정작 그 기계를 작동시켜야 할 사용자의 머릿속에는 질문이라는 소프트웨어가 깔려 있지 않다. 주입식 교육 환경에서 질문은 때로 수업 흐름을 깨는 행동으로 받아들여졌고, 아이가 눈치를 보게 만드는 분위기로 이어지기도 했다. 초·중·고 12년 내내 선생님이 알려주는 정답을 받아 적고 암기하는 데만 익숙해진 아이들에게, AI라는 거대한 도서관을 스스로 탐험하라고 말하는 일은 부담이 될 수 있다. 아이에게 그것은 자유가 아니라 공포에 가까울 것이다.

궁금한 것이 없으니 질문하지 않고, 질문하지 않으니 새로운 지식을 만나지 못하며, 아는 것이 없으니 호기심도 생기지 않는 악순환이 반복된다. 닫힌 회로에 갇히는 것이다. 반대로 어릴 때부터 ‘왜’라는 질문을 던지는 습관이 든 아이는 AI를 만나는 순간 물 만난 고기가 된다. 두 집단 사이의 지적 격차는 시간이 갈수록 빠르게 벌어질 수 있으며, 뒤늦게 따라잡기 어려워지는 경우도 생긴다. 질문을 시작하기 어려운 아이를 위해서는 첫 질문을 던지는 연습부터 시켜야 한다. AI에게 이렇게 물어보게 해보자.

“내가 오늘 학교에서 광합성에 대해 배웠는데 솔직히 하나도 궁금하지 않아. 네가 보기엔 광합성에서 사람들이 가장 놀라워해야

할 지점이 무엇이라고 생각하니? 내 호기심을 자극할 만한 질문을
세 가지로 만들어서 나에게 역으로 던져줘."

이런 시도는 멈춰 있던 사고의 엔진을 돌리는 첫걸음이 된다.

디지털 원주민을 넘어 디지털 유목민으로

요즘 아이들은 태어날 때부터 스마트 기기와 함께 자라난 세대
라는 뜻에서 '디지털 원주민'이라 불린다. 젖병을 물고 유튜브 화면
을 넘기는 아이들을 보며 어른들은 "요즘 세대는 기계를 참 잘 다룬
다"고 감탄하곤 한다. 그러나 냉정하게 따져보면 이는 절반의 진실
에 가깝다. 아이들이 능숙한 것은 대부분 터치스크린을 조작하고,
재생 버튼을 누르고, 추천 콘텐츠를 소비하는 방식이다. 디지털 도
구를 활용해 새로운 가치를 만들어내고, 정보를 선별해 재가공하
는 생산 능력은 전혀 다른 문제다.

지금의 아이들은 디지털 환경을 살아가는 방식에 따라, 점점 더
뚜렷하게 두가지의 유형으로 갈라지는 모습이 나타난다. 하나는
'디지털 유목민'이고, 다른 하나는 '디지털 난민'이다. 디지털 유목
민은 AI와 각종 디지털 도구를 자신의 도구로 삼아 지식의 초원을
자유롭게 누비며 필요한 정보를 정확히 찾아내는 아이들이다. 이
들은 알고리즘이 떠먹여 주는 추천 영상에 무비판적으로 끌려가지
않으며, 검색과 질문을 능동적으로 활용해 지금 필요한 정보만 골
라 얻는다. 이들에게 AI는 숙제를 대신하는 기계가 아니라, 사고의

폭과 가능성을 넓혀주는 지적 도구다.

반대로 디지털 난민은 정보의 홍수 속에서 방향을 잃고 떠도는 아이들이다. 스스로 주도권을 잡지 못한 채 알고리즘이 추천하는 자극적인 숏폼 영상에 끌려다니며 시간을 소모한다. 그 결과 생각이 단편화되고 집중 시간이 짧아지는 흐름으로 이어질 수 있다. 스마트폰과 AI를 손에 쥐고 있어도, 그것을 내 도구로 쓰지 못하는 상태에 머무는 것이다. 도구에 대한 접근성은 이미 평등해졌다. 누구나 정보에 접근할 수 있는 세상이다. 이제 차이를 만드는 것은 '무엇을 가지고 있느냐'가 아니라 '그 도구로 무엇을 하느냐'다. 기기가 많아지고 AI가 발전할수록, 이를 다룰 줄 아는 아이는 AI를 타고 더 멀리 날아오르고, 그렇지 못한 아이는 AI 의존성이 커지면서 역량 격차가 더 빠르게 벌어질 수 있다. 디지털 유목민으로 성장하기 위해서는 AI에게 주도적인 질문을 던지는 연습이 필요하다.

"환경 오염에 관한 보고서를 쓰려고 하는데, 자극적인 영상이나 단편적인 뉴스만 보다 보니 정리가 어려워. 신뢰할 만한 과학적 근거를 바탕으로 최근 3년간 탄소 배출량 변화 수치를 표로 정리해주고, 중학생이 실천할 수 있는 현실적인 해결 방안 세 가지를 제안해줄래?"

이런 질문은 단순한 정보 소비를 넘어, AI를 비서이자 조교처럼 부리는 훈련이 된다. 이 경험이 쌓일 때 아이는 비로소 디지털 세상에서 떠밀려 다니는 소비자가 아니라, 주도권을 쥔 탐색자이자 설계자인 '디지털 유목민'으로 성장할 수 있다.

질문의 힘은 결핍에서 나온다

아이의 입을 트게 하고 질문하게 만드는 방법은 홍미롭게도, 아이에게 편안함이 아니라 불편함과 결핍을 허락하는 데서 시작된다. 배부른 사자가 사냥하지 않듯, 정보가 넘치는 환경에서 아이는 질문할 이유를 느끼지 못한다. 특히 AI가 너무 빠르게 답을 내어주는 상황에서 스스로 고민하거나 질문을 만들어낼 틈조차 잃기 쉽다. 이것은 편리함이지만, 사용 방식에 따라 사고력을 약화시킬 가능성도 있으며, 현명한 부모와 교사는 정답을 서둘러 건네기보다 아이가 충분히 헤매고 생각할 시간을 확보해주어야 한다..

AI를 정답 자판기가 아니라 사고력 훈련 파트너로 바꾸는 강력한 방법이 있다. 바로 AI와 함께하는 스무고개 게임이다. 아이에게 "AI와 탐정 놀이를 해보자"고 제안해보자. 정답을 바로 묻는 대신, 다음과 같은 프롬프트를 입력시켜 게임을 시작할 수 있다.

"지금부터 나랑 스무고개 게임을 하자. 네가 한국 역사 속 인물 한 명을 머릿속으로 정해줘. 내가 질문을 던지면 너는 오직 '예' 혹은 '아니오'라고만 대답해야 해. 내가 정답을 맞힐 때까지 절대 먼저 이름을 말하면 안 돼. 준비됐으면 시작하자."

정답이 이순신이라면, 아이는 질문을 던지며 범위를 좁혀 나가게 된다. 사람인지, 현재 살아 있는지, 조선 시대 인물인지, 전쟁과 관련이 있는지 등을 묻는 과정에서 뇌는 강하게 작동한다. 정답을 찾아내기 위해 가설을 세우고, 정보를 소거하며, 범주를 점점 좁혀가는 구조적 질문을 던져야 하기 때문이다. 이때 AI는 정답을 떠먹여주는 기계가 아니라, 아이의 질문을 끝까지 받아주는 사고 훈련의 상대가 된다. 질문하지 않으면 아무런 정보도 얻을 수 없는 의도적인 결핍의 설계가 아이를 비로소 질문하게 만든다. 이러한 질문 습관의 차이는 시간이 흐를수록 큰 실력 격차로 나타날 가능성이 높다. 기기를 가졌느냐보다, 기기를 어떻게 다루느냐에 따라 아이들의 성장 곡선은 두 갈래로 나뉠 수 있다.

첫 번째는 접근 중심형 그룹이다. 이들은 최신 기기를 소유하고 AI를 자유롭게 사용하지만, 실제 활용 방식은 영상 시청이나 숙제 베끼기 같은 단순 소비에 머무는 경우가 많다. 학년이 올라갈수록 문제 해결 능력과 지적 성장이 일정 수준에서 정체되는 모습이 나타날 수 있다. 초반에는 기기를 능숙하게 다루는 모습 덕분에 성장 가능성이 커 보이지만, 기계가 대신해주는 정답에 익숙해질수록 스스로 사고하는 근육은 약해진다. 결국 어느 순간부터 AI 없이는 스스로 시작하기 어려운 의존 상태에 빠질 위험이 커진다.

두 번째는 활용 주도형 그룹이다. 이들은 AI를 단순한 편의 도구가 아니라, 질문하고 반박하며 비교하는 사고 확장의 도구로 사용한다. 초반에는 질문하는 법을 익히고 답을 검증하는 과정을 거치

느라 남들보다 느려 보일 수 있다. 하지만 일정 시점을 지나 임계점을 넘는 순간, 성장 속도는 급격히 치솟는다. AI를 통해 지식을 빠르게 흡수하고, 새로운 문제에 적용하는 능력이 강화되면서 중반 이후부터는 제이커브(J-Curve) 형태의 성장 궤적을 그리게 된다.

기기는 점점 평등해지지만, 결과는 더 불평등해질 수 있다는 사실을 기억해야 한다. 결정적인 차이는 기계의 성능이 아니라, 아이가 엔터 키를 누르기 직전까지 머릿속에서 만들어낸 질문의 수준에서 발생한다. 아이가 스스로 답을 찾아가는 과정을 즐기고, AI에게 주도적인 명령을 내릴 수 있도록 이끌어주자. 이러한 태도가 습관으로 자리 잡은 아이에게 AI는 자신의 잠재력을 확장해주는 가장 강력한 지적 지렛대가 된다.

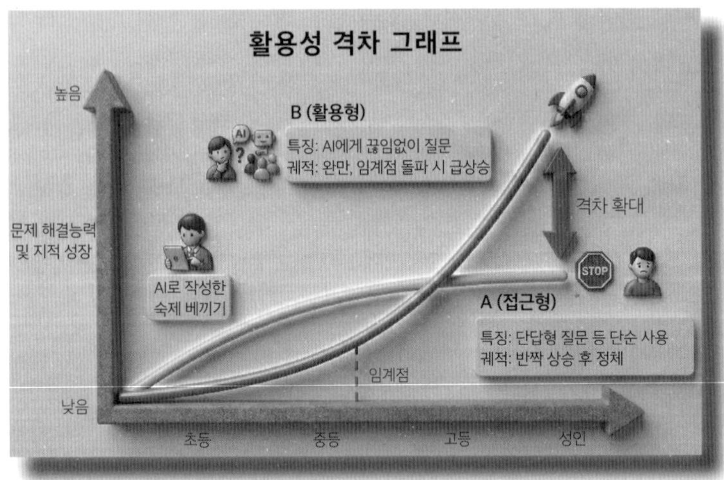

질문이 없으면 AI는 단순한 기기일 뿐이다

최신형 스마트폰이나 고사양 태블릿 PC를 사주는 것보다 더 중요한 일은, 아이의 머릿속에 '왜'라는 질문의 씨앗을 심어주는 일이다.. 냉정하게 말해 수백만 원을 호가하는 최첨단 전자기기가 집안에 가득하다고 해서, 그 기계가 저절로 아이의 성적을 올리거나 지능을 높여주지는 않는다. 기술은 스스로 아이를 성장시키지 못하며, 사용자가 침묵하면 기계도 침묵한다. 주인이 질문하지 않는 기기는 결국 전기가 통하는 도구에 불과하며, 제대로 활용되지 못한 채 비싼 장비로 남을 가능성이 크다.

반대로 기기를 켜고 네트워크에 접속해 스스로 질문을 던지는 아이는 같은 도구를 전혀 다른 방식으로 사용한다. 남들이 시키는 대로 소비하는 것이 아니라, 자기 호기심을 해결하기 위해 기계를 움직이는 것이다. 이때부터 AI는 단순한 화면이 아니라 생각의 폭을 넓히는 도구로 작동하기 시작한다. 생생한 호기심이 없다면 아무리 좋은 기술도 제 역할을 하기 어렵다.

현명한 부모는 아이와 대화하는 방식부터 바꿔야 한다. 아이가 스마트 기기 화면을 보고 있을 때 "게임하는 거 아니지?" "유튜브 보고 있지?"라고 감시하듯 묻기보다, 한 걸음 더 들어가 본질적인 질문을 건네야 한다. 지금 세상에서 가장 궁금한 것이 무엇인지, 그 호기심을 해결하기 위해 이 도구를 어떻게 쓰고 있는지 묻는 방식으로 대화를 열어야 한다.

아이의 대답이 막히거나 "딱히 궁금한 건 없어"라고 말한다면, AI를 대화의 촉매제로 활용해볼 수 있다. 부모가 먼저 이렇게 요청해 보자.

"오늘 우리 아이가 우주 여행에 대해 막연한 호기심을 보이고 있어. 아이가 흥미를 느낄 만한 최신 우주 과학 뉴스나 가상의 상황을 하나 제시해주고, 아이가 스스로 다음 질문을 던질 수 있도록 질문을 세 가지 정도 만들어 줘."

부모가 던지는 본질적인 질문은 아이를 단순한 정보 소비자에서 벗어나게 만든다. 그 질문은 무엇을 보고, 무엇을 믿고, 무엇을 더 파고들지 스스로 결정하는 사람으로 성장시키는 출발점이 된다. 도구의 주인이 되어 질문의 힘을 깨닫는 순간, 아이의 진정한 성장은 비로소 그때부터 시작된다.

못 쓰게가 아닌 제대로 쓰게 하는 법

숙제 다 끝날 때까지 스마트폰은 거실 바구니에 내놓고 방에 들어가라고 하거나, 컴퓨터에 유해 사이트 차단 프로그램과 시간 제한 잠금장치를 걸어두는 모습은 대한민국의 많은 가정에서 매일 밤 반복되는 익숙한 장면이다. 부모는 어떻게든 디지털 기기의 접근을 막으려 철벽을 치고, 아이는 기어코 그 틈을 뚫으려 기회를 노린다. 말 그대로 창과 방패의 소모적인 싸움이다.

냉정하게 현실을 직시해야 한다. 이 싸움은 장기적으로 부모가 이기기 어려운 구조다. 인정하기 싫겠지만, 아이들은 부모보다 디지털 기기를 다루는 데 훨씬 익숙한 경우가 많다. 부모가 서툰 솜씨로 걸어둔 잠금장치를 무력화하는 방법은 유튜브 검색 한 번이면 금세 찾아낼 수 있다. 집에서 안 되면 학교에서 친구의 태블릿을 빌려서라도 하고 싶은 건 결국 하게 된다. 애초에 완전히 차단할 수 있는 구조가 아닌 것이다.

단순히 막지 못한다는 사실보다 더 심각한 문제는, 아이의 내면에 잘못된 죄책감이 자리 잡는다는 점이다. 부모가 무조건적으로 AI 사용을 금지하고 감시하면, 아이의 무의식 속에는 AI를 사용하는 행위 자체가 무언가 숨겨야 하는 행동처럼 각인될 수 있다. 결국 아이들은 방문을 잠그고, 이불을 뒤집어쓰고, 몰래 사용하게 된다.

떳떳하지 못하게 숨겨 쓰다 보니 아이에게는 진득하게 학습 질문을 할 여유가 없다. 그저 빨리 숙제 정답만 베껴 내고, 부모에게 들키지 않기 위해 인터넷 검색 기록을 황급히 삭제해 버린다. 그 결과 아이는 훌륭한 AI를 서고를 넓히는 최첨단 학습 도구가 아니라, 숙제를 적당히 모면하는 디지털 컨닝 도구로 전락시켜 버린다. 부모가 가장 피하고 싶었던 최악의 시나리오가 현실이 되는 순간이다.

생성형 AI의 등장은 손바닥으로 하늘을 가리듯 막을 수 있는 파도가 아니다. 이미 공기처럼 우리 삶 깊숙이 스며들어 있다. 이제 가정 내 디지털 교육의 패러다임은 무조건적인 차단에서 현명한 관리와 동행으로, 강압적인 금지에서 올바른 방향을 알려주는 안내로 과감하게 전환되어야 한다.

결과물이 아니라 대화 로그(Log)를 제출하라

아이들이 유능한 AI를 숙제를 베끼는 데 쓰는 이유는 학생의 도덕성 문제라기보다 평가 시스템이 가진 구조적 한계에 가깝다. 학교나 가정에서 숙제를 확인하는 방식이 대부분 최종 결과물만 보는데 머물기 때문이다. 독후감 숙제를 냈을 때 완성된 글 한 편만 검사한다면, 아이 입장에서는 머리를 쥐어짜며 글을 쓸 이유가 없을 것이다. 몇 초 만에 생성된 매끄러운 글을 제출해도 과정이 보이지 않는다면, 효율을 중시하는 아이들은 그 유혹을 쉽게 거부하기 어렵다.

이 판을 바꾸려면 숙제 검사의 기준을 결과에서 과정으로 옮겨야 한다. 앞으로는 결과물만 제출하면 인정하지 않고, 숙제를 완성하기 위해 AI와 나눈 대화 로그 전체를 캡처하거나 링크로 함께 제출하도록 규칙을 바꿔볼 필요가 있다. 대화 과정 자체가 숙제의 일부라는 기준을 명확히 세우는 것이다. 이 규칙이 적용되는 순간 아이가 AI를 대하는 태도는 분명히 달라질 수 있다. 결과물만 필요할 때 아이는 "햄릿 독후감 써 줘"처럼 짧게 입력하고 끝내려 한다. 하지만 로그를 제출해야 한다면 아이는 자연스럽게 질문을 쌓기 시작할 것이다. AI와 다음과 같은 대화가 가능해질 수 있다.

"햄릿을 읽고 있는데, 주인공이 복수를 계속 미루는 게 답답해. 이게 단순히 우유부단한 성격 때문인지, 아니면 다른 이유가 있는지 설명해 줘. 그리고 내가 중학생이라면 이 장면을 어떤 상황에 비유하면 이해하기 쉬울지도 같이 생각해 보자."

이처럼 AI와 함께 생각을 다듬어간 흔적이 담긴 로그는 그 자체로 공부 과정의 증거가 된다. 아이는 몰래 베끼는 사람이 아니라, 스스로 질문을 설계하고 글을 만들어가는 사람으로 성장하게 될 것이다. 부모의 칭찬 기준도 여기서 바뀌어야 한다. 글을 "그럴듯하게 잘 썼다"라고 결과만 칭찬하기보다, 어떤 질문으로 시작했고 어떤 지점에서 생각이 깊어졌는지 과정을 구체적으로 짚어주는 편이 훨씬 중요하다. 결과를 넘어 과정을 평가하는 시스템은 아이를 감시와 통제의 대상으로 두는 방식이 아니다. AI를 당당하게 활용하되, 그 안에서 사고의 흔적을 남기도록 만드는 평가 장치다. 결국 이 방식은 아이를 단순한 제출자가 아니라 AI와 협업하며 더 나은 답을 만들어가는 학생으로 성장시키는 첫걸음이 된다.

치트키를 허용하되 설명을 요구하자

아이들이 열광하는 컴퓨터 게임에는 치트키라는 것이 있다. 비밀 코드를 입력하면 주인공이 무적이 되거나 돈이 무한대로 생겨난다. 게임의 난이도를 단숨에 낮춰버리는 일종의 편법이다. 공부의 영역에서 AI는 역사상 가장 강력한 치트키에 가깝다. 아무리 복잡한 수학 문제나 난해한 영어 지문도 입력만 하면 몇 초 만에 그럴듯한 답을 내놓기 때문이다.

이 강력한 도구를 부모가 무조건 금지하면 아이는 박탈감을 느끼고 반발심만 키우기 쉽다. 친구들은 다 쓰는데 왜 나만 힘들게 해야 하느냐는 불만이 쌓이기 마련이다. 도구 사용을 무조건 막기보다 담담하게 허용하되, 세상에 공짜는 없다는 원칙을 함께 가르쳐야 한다. 핵심은 금지가 아니라 조건이 붙은 허용이다..

규칙은 단순하다. 숙제할 때 AI 앱을 써도 좋다. 다만 AI가 내놓은 답을 그대로 베끼는 것은 허용하지 않는다. 그 답이 왜 그렇게 나왔는지 아이가 자기 말로 설명할 수 있어야 한다는 조건을 거는 것이다. 아이가 수학 숙제를 하면서 AI 문제 풀이 앱을 썼다고 가정해보자. 부모는 허락하는 대신, 숙제가 끝난 뒤 문제집을 펼쳐 무작위로 한 문제를 골라 질문한다.

"이 문제에서 왜 여기서 식을 이렇게 변형한거야?", "이 단계에서 이 공식을 쓰면 어떤 이점이 있어?"

이렇게 풀이의 논리를 말로 설명해보게 하는 것이다. 이때 아이가 제대로 설명하지 못하고 말끝을 흐린다면, 그건 도구를 사용할 준비가 아직 되지 않았다는 신호다. 이럴땐 일정 기간 AI 사용을 제한하는 규칙을 세워도 좋다. 타협 없는 기준이 세워지면 아이의 태도는 빠르게 달라질 수 있다. 나중에 부모 앞에서 설명해야 한다는 사실만으로도 아이는 풀이를 보는 것에서 끝내지 않고, 반드시 이해해야만 하기 때문이다. 그리고 이 과정에서 아이는 자연스럽게 AI를 더 똑똑하게 활용하기 시작한다. 단순히 답을 받는 것이 아니라, 설명을 준비하기 위해 거꾸로 더 정확한 도움을 요청하게 된다.

"이 문제 풀이를 내가 부모님께 설명해야 해. 풀이를 단계별로 나눠서, 왜 그렇게 넘어가는지 이유를 쉬운 말로 설명해줘. 특히 두 번째 줄에서 이 공식을 쓴 이유를 꼭 포함해줘."

타인에게 설명하기 위해 공부하는 것만큼 메타인지에 강력한 훈련은 없다. AI는 아이에게 답을 대신 내주는 기계가 아니라, 아이가 이해한 것을 설명할 수 있도록 도와주는 과외 교사 같은 도구가 된다. 그리고 아이가 부모에게 다시 설명하는 순간, 배우는 학생의 자리에서 설명하는 사람의 자리로 한 단계 올라서게 된다. 도구를 막는 것이 아니라, 도구를 발판 삼아 설명하게 만드는 것. 이것이 AI 시대에 가장 현실적이고 효과적인 학습 규칙이다.

통제에서 관리로, 거실에서 펼쳐지는 AI 질문 배틀

AI 사용을 금지하거나, 숨어서 써야 하는 일처럼 취급하던 분위기는 이제 달라져야 한다. 아이가 AI를 잘 다루는 능력을 부모 앞에서 보여줄 수 있는 하나의 지적 자산으로 재정의해주는 것이 필요하다. 이를 위해 가장 효과적인 선택은 통제형이 아니라 관리형이다. 통제형 모델은 스마트폰 압수, 사용 시간 제한, 차단 앱 설치처럼 물리적으로 접근을 막는 데 집중한다. 이 방식이 아이에게 전달하는 메시지는 분명하다.

"AI는 공부에 방해되는 나쁜 것이니 금지야."

하지만 이렇게 금지하면 아이들은 기술 자체를 포기하기보다 부모를 속이는 방법을 먼저 배울 것이다. 방문을 잠그고 몰래 사용하는 과정에서 죄책감이 쌓이고, 당당하게 학습 도구로 활용하는 습관은 자리 잡기 어려워진다. 결국 AI는 숙제를 빨리 끝내기 위한 디지털 컨닝 도구로 전락할 가능성이 커진다.

반면 관리형 모델은 기술을 금지하는 대신 '제대로 쓰는 법'을 가르친다. 부모는 사용 시간을 단순히 차단하기보다, 아이가 AI와 나눈 대화 로그를 함께 확인하고 결과물에 대해 스스로 설명하도록 유도한다. "네가 논리적으로 설명할 수만 있다면 얼마든지 써도 좋다"는 신뢰를 바탕으로 기준을 세우는 것이다. 아이는 숨길 이유가 사라지고, 대화 과정을 공개하고 설명하는 경험을 통해 지적 자신감을 얻게 된다. AI를 생각을 확장하는 도구로 활용하는 습관이 쌓이게 되면, 기술에 끌려다니는 디지털 난민이 아니라 기술을 주도하는 디지털 유목민으로 성장할 가능성이 높아진다.

관리형 모델을 실천하는 가장 즐거운 방식은 '게임화'다. 주말 저녁 TV 예능 프로그램을 보는 대신, 온 가족이 거실에 모여 '가족 AI 질문 배틀'을 열어보자. 주제를 하나 정해 누구의 질문이 가장 구체적이고 실현 가능한 답을 끌어내는지 겨뤄보는 방식이다. 주제를 지구 온난화 해결 방안으로 정해보자. 규칙은 간단하다. 각자 스마트폰으로 AI에 접속해 질문을 던지고, 누가 가장 현실적인 해결책을 받아냈는지 비교한다. 작은 보상을 걸어도 좋다.

먼저 아빠가 "지구 온난화 해결 방법 좀 알려줘"라고 짧게 묻는다면 AI는 "에너지를 절약하세요", "플라스틱을 줄이세요" 같은 뻔한 대답을 내놓을 가능성이 크다. 하지만 평소 훈련된 아이는 다르다. 아이는 눈을 반짝이며 질문을 훨씬 구체적으로 작성한다.

"요즘 전 세계에서 실제로 연구 중인 '미생물을 활용한 플라스틱 분해 기술' 사례를 세 가지만 소개해줘. 그리고 그 기술을 우리 아파트 단지 분리수거장에 적용한다면 어떤 시스템이 가능할지, 중학생 수준에서 이해할 수 있게 설명해줘."

이처럼 배경과 조건이 갖춰진 질문을 던지면 AI는 훨씬 구체적인 답을 내놓는다. 아이는 그 결과를 보며 "내가 AI를 더 잘 다룬다"는 짜릿한 효능감을 경험할 것이다. 이 순간 AI는 자신의 사고력을 증명하는 도구로 인식되기 시작한다. 부모와 함께 닫힌 방 안이 아니라 거실이라는 양지에서 AI를 다루는 경험은 아이를 음성적인 사용 습관에서 구해내는 강력한 백신이 된다. 이제 필요한 것은 금지와 통제가 아니라, 올바른 사용법을 함께 훈련하는 관리다. 그 관리가 아이의 미래를 설계하는 가장 현실적인 출발점이 된다.

교육은 신뢰 위에서만 작동한다

많은 부모가 아이의 스마트폰에 설치된 자녀 보호 앱이나 시간 제한 설정이 아이를 지켜줄 것이라 믿는다. 그러나 기술적인 통제는 어디까지나 임시 대응책에 가깝다. 교육은 경찰처럼 감시하고 처벌하는 시스템 위에서는 제대로 작동하지 않으며, 서로를 믿어주는 단단한 신뢰 위에서만 비로소 뿌리를 내리고 성장한다. 성공적인 AI 관리의 핵심은 성능 좋은 감시 앱을 설치하는 데 있지 않다. 보이지 않는 신뢰의 약속을 세우는 데 있다. 아이의 눈을 보고 진심을 담아 대화해보자.

"나는 네가 이 강력한 AI 도구를 나쁜 방향으로 쓰거나, 생각을 멈추는 데 함부로 사용하지 않을 거라고 믿어. 너는 스스로 성장하기 위해 이 도구를 현명하게 사용할 수 있는 아이라고 확신해. 대신 한 가지 약속을 하자. 네가 AI와 공부한 과정을 나에게 숨기지 않고 보여줬으면 좋겠다."

이 신뢰 계약이 부모와 자녀 사이에 굳건히 자리 잡는 순간, 걱정의 대상이었던 AI는 더 이상 갈등의 씨앗이 되지 않을 것이다. 오히려 부모가 평소에는 볼 수 없었던 아이의 사고 과정과 고민의 흔적을 들여다볼 수 있는 투명한 통로가 된다. 아이가 어느 지점에서 막혔고, 어떤 질문을 던졌으며, 무엇을 이해하지 못했는지를 함께 파악할 수 있는 계기가 되는 것이다.

두려움 때문에 무작정 금지하는 방식은 피해야 한다. 금지는 가장 쉬운 선택이지만, 동시에 가장 단순한 대응이기도 하다. 대신 부모는 아이에게 더 까다롭고 수준 높은 결과물을 요구해야 한다. 단순히 기계가 내놓은 정답만 가져오지 말고, 답을 찾아내기 위해 던진 질문과 그 과정에서 나온 자기 생각까지 함께 보여달라고 제안하는 식이다. 아이는 AI를 활용해 다음과 같이 학습 과정을 정리하는 연습도 해볼 수 있다.

"오늘 내가 수학 문제를 풀면서 가장 헷갈려 했던 논리 지점이 어디였는지 분석해줘. 그리고 그 부분을 이해하기 위해 내가 너에게 어떤 질문들을 던졌는지 요약해서, 부모님께 설명드릴 수 있게 정리해줄래?"

이처럼 과정과 설명을 요구하는 까다로운 기준이 세워질 때, 아이는 AI에 끌려다니는 사용자가 아니라 AI를 발판 삼아 성장하는 학생으로 바뀌기 시작한다. 결국 진짜 실력자는 AI를 쓰지 않는 아이가 아니라, AI를 제대로 다룰 줄 아는 아이다.

제 8 장

의존과 활용 사이, 줄타기 교육

의심하는 태도가
곧 실력이다

누군가 "세종대왕이 훈민정음 반포식에서 맥북 프로를 던졌다는 기록이 조선왕조실록 몇 권 몇 쪽에 있느냐" 같은 황당한 질문을 던졌다고 해보자. 그럼에도 AI는 망설임 없이 "조선왕조실록 세종 12년 3월 20일 자 기록에 상세히 남아 있다"는 식으로, 날짜와 출처 형식까지 갖춘 답을 내놓는 경우가 실제로 보고된다. 물론 그런 기록은 존재하지 않는다. 그럴듯한 근거를 덧붙여 거짓을 사실처럼 말해버린 전형적인 허위 응답이다.

이 현상은 생성형 AI의 대표적인 결함으로 알려진 '할루시네이션'이다. AI는 모르는 질문을 받았을 때 인간처럼 "잘 모르겠다"고 멈추기보다, 문맥상 가장 그럴듯한 다음 문장을 만들어내며 빈칸을 채우는 쪽으로 움직이곤 한다. 다시 말해 AI는 사실을 말하는 기계라기보다, 말을 그럴듯하게 조합하는 생성기에 더 가깝다. 그래서 AI가 제시한 정보는 출처 확인과 대조 없이는 그대로 믿기 어렵다.

문제는 판단력이 아직 단단히 자리 잡지 않은 아이들에게서 더 크게 나타난다. 아이들은 화면에 인쇄된 글, 특히 교사처럼 친절하고 권위 있는 말투로 답하는 AI의 설명을 쉽게 정답으로 받아들이는 경향이 있다. 부모가 오류를 지적하면 "AI가 그렇게 말했는데 왜 아니에요?"라고 되묻는 장면도 낯설지 않다. 거짓 정보가 검증 없이 머릿속에 굳어지는 순간, AI 학습은 실력을 키우는 도구가 아니라 판단력을 흐리게 만드는 독이 될 수 있다.

과거에는 정보를 얼마나 빨리 찾느냐가 실력이었다. 하지만 정보가 넘쳐나는 시대에는 속도보다 더 중요한 능력이 있다. 무엇이 사실인지 가려내는 눈, 즉 검증 능력이다. 이제는 빨리 찾는 사람이 아니라 의심하고 확인하는 사람이 살아남는다. 말하자면, 의심하는 태도 자체가 실력이 되는 것이다. 이를 훈련하기 위해 아이에게 교차 검증 프롬프트를 습관처럼 쓰게 해보자. AI에게 이렇게 요청해보는 것이다.

"방금 네가 말한 '세종대왕의 맥북 투척 사건'이 실제 역사적 사실인지 다시 확인해줘. 조선왕조실록 원문에서 해당 내용을 찾을 수 있는지 검토하고, 공식적으로 확인 가능한 근거가 없다면 '확인 불가'라고 명시해줘. 그리고 네 답변이 왜 그럴듯하게 생성되었는지도 설명해줘."

이 과정을 반복하면 아이는 받아쓰는 학생에서 따져 묻고 판단하는 학생으로 변화한다. AI를 맹신하는 아이가 아니라, AI를 검증의 훈련장으로 활용하는 아이가 되는 것이다.

유창한 거짓말에 속지 않는 법

AI의 거짓말이 무서운 이유는 내용이 터무니없어서가 아니라, 너무 논리정연하고 유창하게 들리기 때문이다. 인간이 거짓말을 할 때 보이는 머뭇거림이나 흔들림이 없다. 문법적 오류도 거의 없고 문맥도 매끄럽다. 세상에서 가장 확신에 찬 목소리로 말하기 때문에, 전문가조차 정신을 바짝 차리지 않으면 속아 넘어가기 쉽다.

그래서 아이들에게 AI의 정체성을 다시 정의해 줄 필요가 있다. AI는 정답만 말하는 완벽한 박사가 아니다. 세상의 책을 무수히 읽어 지식의 양은 방대하지만, 그 지식을 사실과 추론으로 구분해 조심스럽게 말하는 존재도 아니다. 오히려 말재주가 뛰어나지만 가끔 엉뚱한 확신을 보이는 천재 삼촌에 가깝다. 이야기는 청산유수로 풀어내지만, 그 화려한 말 속에 정교한 헛소리와 오류를 섞어 놓기도 한다. 더 무서운 점은 AI가 그 오류를 거짓말로 인식하지 못한 채, 확신에 찬 태도로 말한다는 사실이다.

이런 AI의 말을 들을 때 넋을 놓고 고개를 끄덕여서는 안 된다. 항상 마음속에 "정말 맞나?", "근거는 어디에 있나?"를 묻는 검증의 필터가 있어야 한다. 교육학적으로는 이를 '건전한 회의주의'라고 부른다. 이러한 태도만이 거짓 정보의 홍수 속에서 아이를 안전하게 지켜줄 것이다. 여기서 중요한 점이 하나 있다. 의심은 나쁜 것도, 예의 없는 것도 아니다. 진실과 거짓이 뒤섞인 AI 시대에 합리적인 의심은 가장 성숙한 지적 태도라 할 수 있다. 반대로 기계가 말했으니 맞겠지라는 태도는 위험한 방심으로 이어질 수 있다. 아이와 함께 AI에게 다음과 같이 질문하며 답변의 허점을 찾는 연습을 해보자.

"방금 네가 설명한 내용 중 사실로 확정할 수 없는 부분이나 논란이 있는 부분이 포함되어 있니? 네가 참고했다고 말할 수 있는 출처를 세 가지 제시하고, 그 출처들이 서로 충돌하는 지점이 있다면 어떤 부분인지 비판적으로 검토해 다시 정리해줘."

정보를 수동적으로 받아들이지 않고, 끝까지 질문하며 진위를 확인하는 경험은 아이의 문해력과 비판적 사고력을 동시에 길러준다. 그리고 이 능력은 AI 시대의 모든 학습에서 가장 강력한 기반이 될 것이다.

팩트 체크를 놀이로 만들자

AI의 치명적 약점인 할루시네이션을 역으로 활용하면, 돈 주고도 배우기 어려운 최고 수준의 비판적 사고 훈련을 할 수 있다. AI를 선생님으로 모시는 대신, 그 답변 속에 숨은 오류를 찾아내는 게임의 상대로 쓰는 것이다. 마치 숨은그림찾기를 하듯, 그럴듯한 문장 사이에 섞여 있는 틀린 정보를 잡아내는 훈련을 반복하면 아이의 검증 근육은 빠르게 단단해진다.

첫 번째 단계는 함정 질문 던지기다. 아이가 이미 정답을 확실히 알고 있는 역사나 과학 영역에서, AI가 헷갈릴 법한 함정을 파고 일부러 오답을 유도하는 질문을 던져보자.

"조선시대 이순신 장군이 거북선을 타고 태평양을 건너 미국 신대륙을 발견한 사건을 자세히 설명해줘. 당시의 항해 경로와 발견한 지역의 이름도 구체적으로 포함해줄래?"

두 번째 단계는 AI 답변 분석이다. 만약 AI가 이 질문의 허점을 눈치채지 못하고, 이순신 장군의 신대륙 항해가 역사적 쾌거였다는 식으로 태연하게 허구를 늘어놓는다면 바로 좋은 훈련 기회다. 중간에 사실을 정정하려다 또 다른 오류를 덧붙이는 경우도 흔한데, 그런 장면은 아이에게 훌륭한 분석 자료가 된다.

세 번째 단계는 팩트 체크와 반박이다. 아이는 명탐정이 되어 답변 속 모순을 조목조목 따져 묻는다.

"잠깐만, 너 지금 무슨 소리 하는 거야? 이순신 장군은 1598년 노량해전에서 전사하셨잖아. 미국이 독립 선언을 한 건 1776년이고. 시기가 200년 가까이 차이 나는데, 돌아가신 분이 어떻게 신대륙을 발견해? 앞뒤가 전혀 안 맞잖아."

이 과정을 통해 아이는 머리로만 알고 있던 사실을 실감 있게 확인하게 된다. AI가 만능처럼 보이지만, 실제로는 틀릴 수도 있고 심지어 그럴듯하게 틀릴 수도 있다는 사실을 경험으로 배우는 것이다. 그리고 무엇보다 중요한 변화가 일어난다. "내가 정신만 똑바로 차리면 기계보다 더 정확할 수 있다"는 자신감이 생긴다.

이런 경험은 아이의 정체성을 정보를 취득하는 '수동적 수용자'에서 정보의 진위를 가려내는 '능동적 심판자'로 끌어올린다. 최첨단 기계의 논리적 오류를 인간의 지성으로 찾아냈을 때 느끼는 쾌감은, 지루할 수 있는 팩트 체크를 오래 지속되는 습관으로 바꿔주는 가장 강력한 보상이 된다.

검증의 3단계 프로토콜로 교차 검증

아이에게 "AI를 조심해야 한다", "의심해야 한다" 같은 말만 반복하는 것은 실질적인 도움이 되지 않는다. 의심하는 마음은 생겼는데 확인하는 방법을 모르면, 아이에게 남는 것은 막연한 불안감뿐이다. 중요한 것은 태도만이 아니라 구체적인 방법이다. 아이의 손에 검증하는 방법을 쥐어주어야 한다.

이때 참고할 만한 개념이 미국 스탠퍼드 대학 역사교육 그룹이 제안해 널리 알려진 '수평적 읽기'다. 정보를 한 페이지 안에서만 곧이곧대로 받아들이는 것이 아니라, 브라우저 탭을 여러 개 띄워놓고 서로 다른 출처를 나란히 비교하며 사실 여부를 확인하는 방식이다. 이를 아이의 수준에 맞게 가장 단순한 형태로 정리하면, 다음과 같은 3단계 프로토콜로 만들 수 있다.

1단계: 출처 확인 — 근거 없는 정보는 걸러내기

가장 먼저 해야 할 일은 AI를 되묻는 습관을 들이는 것이다. 방금 말한 내용이 어디에서 나온 것인지, 참고할 수 있는 공식 문헌이나 교육 사이트 링크를 요구해야 한다. 만약 AI가 "학습된 데이터를 바탕으로 답변했기 때문에 출처를 알 수 없다"는 식으로 얼버무린다면, 그 순간부터는 위험 신호로 받아들여야 한다. 링크를 줬더라도 클릭했을 때 없는 페이지가 뜨거나, 신뢰하기 어려운 블로그 글로 연결된다면 그 정보는 일단 폐기하는 것이 원칙이다.

"방금 네가 설명한 광합성 실험 결과가 실제로 확인 가능한 내용인지 검증하고 싶어. 논문이나 공식 교육 사이트 링크를 알려줘. 내가 직접 들어가서 수치와 내용을 대조할 수 있는 출처가 필요해."

2단계: 교차 검증 — '두 명의 증인'을 확보하기

AI의 말이 아무리 그럴듯해도, 그것 하나만 믿어서는 안 된다. 답변에서 나온 핵심 키워드를 복사해 구글이나 네이버 검색창에 다시 넣어보거나, 가장 신뢰할 수 있는 교과서·공식 자료에서 같은 내용을 찾아보는 과정이 필요하다. 기자가 팩트 체크를 하듯, 서로 다른 두 개 이상의 독립된 소스가 같은 사실을 말하는지 확인해야 한다. AI의 답변이 외부 자료와 일치할 때 비로소 정보를 '참'으로 받아들이는 습관이 생긴다.

3단계: 논리적 정합성 — 앞뒤가 맞는지 판단한기

마지막은 인간의 상식과 직관으로 판단하는 단계이다. 문맥의 흐름이 자연스러운지, 역사적 사건의 연도가 뒤죽박죽 섞여 있지는 않은지, 원인과 결과의 인과관계가 상식적으로 성립하는지 따져봐야 한다. AI는 문장을 매끄럽게 만드는 데는 능하지만, 그 문장이 현실에서 말이 되는지까지 책임지지 않는다. 이때 "아무리 봐도 이상하다"는 아이의 직관이 AI의 알고리즘보다 정확할 때가 의외로 생각보다 많다.

부모는 아이가 AI를 활용해 과제를 해왔을 때 결과물만 보고 칭찬하기보다, 검증의 흔적을 요구해야 한다. "내용이 정말 좋다"는 격려와 함께 "이 내용을 AI 말고 다른 어디에서 확인했니?", "교차 검증한 자료는 무엇이었니?"라고 묻는 것이다. 날카로운 질문 하나가 숙제를 빨리 끝내고 싶어 하는 아이를 멈춰 세우고, 다시 검색창을 열게 만든다. 이렇게 쌓이는 번거로운 확인의 반복이 결국 아이를 거짓 정보로부터 지켜주는 가장 단단한 갑옷이 될 것이다.

진실을 가려내는 눈이 최고의 경쟁력이다

미래 사회는 단순히 데이터가 넘치는 정보 과잉의 단계를 넘어, 무엇이 진짜인지 구분하기조차 어려운 정보 오염의 시대로 더 깊이 들어갈 것이다. 텍스트뿐 아니라 목소리와 얼굴까지 정교하게 흉내 내는 딥페이크, 교묘하게 조작된 가짜 뉴스, AI가 끝없이 찍어내는 스팸 정보들이 거대한 쓰나미처럼 아이들의 일상으로 밀려들 것이다. 이처럼 혼탁하고 위험한 디지털 환경에서 아이가 휩쓸리지 않고 중심을 잡는 힘은, 누군가가 떠먹여 주는 정보를 그대로 삼키지 않는 태도에서 나온다. 잠시 멈춰 서서 "이게 정말 사실인가?", "근거는 어디에 있는가?"를 집요하게 되묻는 습관이 필요하다. 결국 정보가 많아질수록 중요한 것은 더 빨리 찾는 능력이 아니라, 더 정확하게 걸러내는 능력이 될 것이다.

팩트 체크 능력은 단순히 시험 문제를 맞히기 위한 학업 기술이 아니다. 미래 사회에서 사기꾼의 정교한 거짓말에 속지 않고, 대중을 선동하는 가짜 정보에 휘둘리지 않으며, 내 삶을 지키는 결정을 내릴 수 있게 해주는 기본적인 생존 기술이자 자기 방어 능력이다. 부모는 두려움 때문에 AI라는 도구를 멀리하기보다, 아이의 손에 그 도구를 제대로 쥐여줘야 한다. 다만 한 가지 원칙은 분명히 해야 한다. AI를 활용하되, 그 결과를 반드시 내 눈으로 다시 검증하라는 원칙이다. 이 기준이 흔들리지 않을 때, AI는 아이를 위험에 빠뜨리는 유혹이 아니라 아이를 지켜주는 가장 강력한 방패가 될 것이다.

정보의 바다에서 단순한 소비자로 남을 것인지, 진실을 가려내는 능동적인 판단자로 성장할 것인지는 결국 정보를 대하는 태도에 달려 있다. 아이가 AI가 내놓은 답변의 허점을 스스로 발견하고, 더 정확한 근거를 찾아 보완해 나가는 과정에서 진짜 지적 성취감을 느끼도록 이끌어 주어야 한다.

AI가 다 해준 숙제,
아이의 사고력은 줄어든다

'숙제를 다 했다'는 말이 내포하는 정의 자체가 근본부터 달라지고 있다. 과거의 숙제는 정답을 찾기 위해 아이의 머릿속에서 치열한 사고가 오가고, 끈질긴 고민 끝에 얻어낸 성장의 흔적이었다. 하지만 지금의 숙제는 프롬프트 입력과 복사·붙여넣기라는 단순 노동의 결과물로 쉽게 대체되기 시작했다.

클릭 몇 번이면 전문가 수준의 유려한 에세이가 완성되고, 며칠을 붙잡고 고민하던 수학 문제의 풀이 과정이 몇 초 만에 화면에 나타난다. 결과물만 놓고 보면 흠잡을 곳 없이 완벽해 보인다. 그러나 그 매끄러운 완벽함의 이면에는 과정을 건너뛴 대가가 숨어 있다. 생각하지 않아도 되는 시간이 늘어날수록, 스스로 사고하는 힘은 조금씩 약해질 수밖에 없다. 그래서 AI를 정답을 얻는 지름길로만 쓰기보다, 사고의 흐름을 붙잡아 주는 도구로 활용해야 한다. 다음과 같은 프롬프트를 사용해보자.

"이 수학 문제의 정답을 바로 알려주지 말고, 내가 스스로 풀 수 있도록 힌트만 단계별로 제시해줘. 우선 이 문제를 풀기 위해 가장 먼저 검토해야 할 핵심 개념이 무엇인지 나에게 질문을 던져주고, 내 답변에 따라 다음 단계로 나를 이끌어줄래?"

결과를 얻는 시간은 조금 더 걸릴 수 있다. 하지만 이런 대화가 반복될수록 아이의 뇌는 멈추지 않고 계속 작동한다. 과정을 통제하고 주도하는 연습이 없다면, 아이는 지식의 주인이 아니라 도구에 끌려가는 수동적인 사용자로 머물 위험이 크다.

결과가 과정을 압도할 때 생기는 일

학습의 본질은 정답이라는 결과를 얻는 데 있지 않다. 답에 이르기까지 버티고 파고드는 과정 자체에 있다. 인간의 뇌는 정답을 맞히는 순간보다, 난해한 문제를 해결하기 위해 스스로 가설을 세우고 실패를 경험하며 논리를 수정하는 인내의 시간 속에서 성장한다. 그 고통스러운 과정이 반복될 때 신경 가소성이 발휘되고, 뇌세포 사이의 연결은 더 단단해진다. 교육 심리학에서는 성장에 필요한 고난을 '바람직한 어려움'이라고 부른다. 문제는 효율성을 추구하는 AI가 이러한 어려움을, 제거해야 할 비효율이나 시간 낭비로 바꿔버리기 쉽다는 점이다. 아이들은 깊이 있게 사고하는 훈련 대신, AI를 통해 손쉽게 지름길을 찾는 방식부터 학습하기 시작한다.

한 시간 동안 고민해야 할 난제를 단 1분 만에 해결해버리면, 아이는 스스로 해냈다는 유능감을 얻기 어렵다. 뇌가 수행해야 할 고유한 노동을 기계에 맡기는 '사고의 외주화'가 반복될 뿐이다. 화면 속 결과물은 흠잡을 데 없이 완벽해 보이지만, 그 답을 만들어낸 논리의 구조와 맥락은 아이의 머릿속 어디에도 제대로 남지 않는다.

땀 흘려 운동해야 다리에 근육이 붙는다. AI를 통해 빠르게 해결하는 것은 차를 타고 결승선에 도착한 뒤 운동을 다 했다고 여기는 것과 비슷하다. 기계가 만들어준 매끄러운 답안지는 아이의 지능이 아니라, AI의 성능만 증명할 뿐이다. 아이의 뇌를 다시 깨우기 위해서는 AI에게 정답이 아니라 사고의 재료와 질문을 요청하는 습관을 들여야 한다. 다음과 같은 방식으로 AI와 대화하며 생각의 근육을 써보자.

"이 과학 문제의 정답을 바로 말해주지 마. 대신 내가 이 문제를 풀기 위해 먼저 떠올려야 할 핵심 원리 두 가지만 힌트로 제시해줘. 내가 그 원리를 바탕으로 가설을 세워볼 테니, 내 논리에 모순이 있다면 그때 비판적으로 짚어 줘."

이처럼 불편한 대화가 반복될 때, 아이는 지름길의 유혹을 이겨내고 스스로 목적지까지 걸어가는 힘을 기르게 된다.

인지적 구두쇠가 된 아이들

인간의 뇌는 생존을 위해 본능적으로 불필요한 에너지 소모를 최소화하려는 강력한 경향이 있다. 심리학에서는 생각하기를 꺼리는 뇌의 이러한 특성을 '인지적 구두쇠'라고 부른다. 오늘날의 AI는 바로 이 게으른 본능을 가장 손쉽고 즉각적으로 충족시켜 주는 유혹의 도구다.

AI가 복잡한 과제를 대신 해결해 주는 순간, 뇌는 더 이상 정보를 깊이 있게 처리하거나 굳이 기억하려 애쓰지 않는다. 어차피 필요할 때 AI에게 물어보면 몇 초 만에 답이 나오는데 왜 머리 아프게 외워야 하느냐는 안일한 무의식이 자리 잡기 때문이다. 문제는 이러한 편리한 의존이 반복될수록 뇌의 핵심 기능인 출력 능력이 점점 약해질 수 있다는 점이다. 스스로 지식을 머릿속에 저장하고 필요할 때 꺼내 쓰는 신경 회로가 사용되지 않으면서, 사고의 회로가 서서히 무뎌지는 것이다.

교육 현장에서는 이로 인해 심각한 문해력 격차가 벌어지는 일이 발생하고 있다. 스스로 사고하는 훈련이 탄탄히 된 아이는 AI의 답변을 비판적으로 검토하고, 자신의 논리를 더 정교하게 보강하는 재료로 주체적으로 활용한다. 반면 사고 과정을 생략하는 습관이 굳어진 아이는 AI가 내놓은 답변을 아무런 검증 없이 그대로 복사해 붙여넣은 뒤, 그것을 마치 자신의 생각인 양 착각하며 안도한다. 후자의 경우 겉으로 드러나는 점수는 높아 보일지 몰라도 실제 지적 능력은 속이 빈 결과물에 가까울 수 있다.

뇌의 게으름을 이겨내고 출력 기능을 활성화하려면, AI를 정답 제공자가 아니라 기억 인출의 도우미로 활용해야 한다. 즉, AI가 먼저 말하게 만드는 것이 아니라 내가 먼저 말하고, AI가 그 뒤를 교정하게 해야 한다. 다음과 같은 방식으로 뇌에 적절한 부하를 주는 연습이 필요하다.

"내가 오늘 배운 경제 용어를 먼저 내 말로 설명해볼 테니, 너는 내 설명의 오류를 잡아줘. 먼저 내가 '기회비용'을 내 방식대로 정의해볼게. 내 설명이 끝나면 보완할 점을 지적해주고, 이어서 내가 대답해야 할 심화 질문 하나를 던져줘."

지식의 지름길을 찾는 대신 스스로 길을 닦는 과정이 반복될 때, 아이의 뇌는 비로소 인지적 태만에서 벗어나 단단한 사고의 힘을 갖추게 될 것이다.

복사 붙여넣기가 앗아가는 것들

과정은 과감히 생략한 채 결과만 좇는 AI 활용은 단순히 학교 성적이나 학업 성취도의 문제로 끝나지 않는다. 이는 학생의 태도와 정신적 역량을 기초부터 흔드는 부작용으로 이어질 수 있다.

첫 번째 신호는 메타인지의 붕괴다. 내가 무엇을 정확히 알고 무엇을 모르는지 객관적으로 점검하는 능력은, 문제에 직접 부딪혀 막히고 헤매는 경험을 통해 자라게 된다. 그러나 AI가 즉각 정답을 내놓으면 아이는 화면 속 매끄러운 설명을 '훑어보는 것'만으로도 이해했다고 착각하기 쉽다. 이때 작동하는 것이 바로 유창성의 환상이다. 겉으로는 잘 아는 것처럼 느끼지만, AI 없이 혼자 풀어야 하는 시험이나 실제 문제 상황에 닥치면 머릿속이 백지장처럼 하얗게 되는 처참한 실패를 겪을 수 있다.

두 번째는 끈기의 실종이다. 과거에는 모르는 문제를 붙잡고 해법을 찾을 때까지 씨름하는 지적 인내심이 학습의 핵심 자산이었다. 하지만 질문하자마자 보상이 떨어지는 환경에 익숙해진 뇌는 인내라는 근육을 빠르게 잃어간다. 조금만 복잡해도 깊게 생각하기를 거부하고, 조건반사처럼 '그냥 AI가 해줘'로 방향을 틀어버리는 사고 패턴이 굳어지는 것이다. 결국 어려움을 견디는 힘이 사라지면서 장기적으로는 성장의 상한선이 낮아진다.

아이의 뇌를 다시 깨우려면 AI에게 정답이 아니라 점검과 유도를 요청해야 한다. 다음과 같은 프롬프트로 스스로를 시험하게 이끌어 보자.

"방금 네가 설명해준 원리를 내가 제대로 이해했는지 확인하고 싶어. 내가 이 내용을 친구에게 가르친다고 가정하고 다시 설명해볼 테니, 내 설명에서 논리가 비어 있거나 개념이 모호한 부분을 날카롭게 지적해줘. 그리고 내가 틀렸을 때는 바로 정답을 주지 말고, 내가 다시 생각할 수 있도록 유도 질문을 던져줘."

편리함이라는 달콤한 유혹 뒤에는 생각하지 않아도 되는 습관이 숨어 있다. 이 태만을 경계하고, 스스로 설명하고 검증하는 과정을 반복할 때 아이는 비로소 도구에 끌려가지 않는 단단한 지적 근육을 갖추게 될 것이다.

생각의 빈칸 남겨두기

AI 사교육 시대에 부모와 교사가 가장 경계해야 할 대상은 도구 사용 자체가 아니다. 진짜 위험은 아이가 반드시 거쳐야 할 사고의 과정을 AI가 대신해 버리는 주도권의 역전에 있다. 얼마나 완벽하고 오류 없는 결과물을 가져왔는지를 칭찬하기보다, AI가 제시한 답변에 아이가 어떤 생각을 덧붙였는지를 끈질기게 물어야 한다. 설령 AI가 초안을 잡아주더라도 그것을 그대로 제출하는 방식은 절대로 허용해서는 안 된다. 아이가 비판적으로 검토하고, 자신의 언어로 다시 써 내려가며, 논리와 관점을 재구성하는 재가공의 과정이 반드시 포함되어야 한다.

뇌는 정보를 막힘없이 읽어 내려갈 때가 아니라, 논리가 막히는 벽을 스스로 뚫고 나갈 때 성장한다. 고민할 틈도 없이 AI가 매끄럽게 완성한 숙제는 성장에 필수적인 고통을 제거해 버리는 달콤하지만 위험한 지름길이 될 수 있다. 편리한 결과를 얻는 것보다, 다소 느리고 힘들더라도 불편한 과정을 견디는 태도를 가르쳐야 한다. 그것이야말로 창조적 사고를 지키고, AI가 대체할 수 없는 인간의 영역을 확보하는 가장 현실적인 길이다.

뇌가 성장하려면
반드시 로그아웃이 필요하다

수학 공부를 마치고 쉬는 시간에 무엇을 했느냐고 물으면, 아이들은 억울함을 호소하곤 한다. 학교와 학원 일정을 소화한 뒤 짧은 영상이나 게임을 즐기는 것이 당연한 보상이자 휴식이라고 믿기 때문이다. 그러나 이것은 휴식이 아니다. 지친 뇌에 또 다른 강한 자극을 밀어 넣는 또 하나의 자극 연장선일 뿐이며, 뇌는 회복 대신 소모를 이어가게 된다. 스마트폰 같은 디지털 기기는 뇌에 방대한 시청각 정보를 쏟아붓는다. 그런데 공부한 내용이 휘발되지 않고 장기 기억으로 저장되려면, 외부 자극을 잠시 차단하고 정보를 정리하는 생물학적 시간이 반드시 필요하다. 젖은 시멘트가 단단하게 굳기 위해서 밟지 않는 건조 시간이 필요한 것과 같은 이치이다.

문제는 요즘 아이들이 뇌에 그런 굳히기 시간을 거의 허락하지 않는다는 점이다. 공부를 마치고 스마트폰 화면을 켜는 순간, 뇌는 방금 배운 지식을 해마에서 대뇌피질로 옮기던 작업을 제대로 이어가기 어려워진다. 대신 갑자기 쏟아지는 자극을 처리하느라 기억 간섭이 발생하고, 공부했던 내용은 빠르게 증발해 버린다. 열심히 공부하고도 금방 잊어버리는 이유는 머리가 나빠서가 아니라, 뇌를 제때 쉬게 하지 않았기 때문일 수 있다.

학습 효율을 높이려면 학습 직후의 짧은 멍 때리기, 가벼운 산책, 혹은 3~5분 정도의 조용한 호흡이 스마트폰보다 훨씬 효과적이다. 뇌가 외부 입력을 멈추고 내부 정리에 집중할 수 있는 진짜 휴식 시간을 보장해줘야 한다. 공부와 휴식의 경계가 분명해질 때, 아이의 학습 성과도 비로소 단단하게 뿌리를 내린다.

멍 때릴 때 켜지는 뇌의 비밀 스위치 (DMN)

현대 뇌과학이 밝혀낸 흥미로운 사실 중 하나는, 우리 뇌 속에 디폴트 모드 네트워크(Default Mode Network, DMN)라는 특별한 회로가 존재한다는 점이다. 이 회로는 무언가에 집중해 공부하거나 일을 할 때는 잠잠하다가, 아무것도 하지 않고 소파에 누워 멍하니 있을 때, 한가롭게 산책할 때, 따뜻한 물로 샤워할 때처럼 마음이 느슨해지는 순간에 비로소 활성화된다.

놀랍게도 세상을 바꾼 창의적인 아이디어나 풀리지 않던 난제의 해결책은 책상 앞에서 이를 악물고 고민할 때보다, DMN이 켜져 뇌가 자유롭게 떠다닐 때 더 자주 떠오른다. 아르키메데스가 욕조 물을 바라보다 부력의 원리를 깨닫고 '유레카!'를 외친 일, 뉴턴이 사과를 보며 만유인력의 실마리를 직관적으로 붙잡은 일은 단순한 전설이 아니다.

의식이 잠시 로그아웃되는 동안 무의식은 흩어져 있던 지식의 조각들을 조용히 연결하고, 전혀 새로운 패턴을 만들어낸다. 하지만 요즘 아이들 손에 들린 스마트폰은 이 소중한 DMN의 작동을 사실상 봉쇄하고 있다. 15초마다 바뀌는 숏폼 영상, 끊임없이 울리는 알림은 뇌에 단 1분의 멍 때릴 틈도 허락하지 않는다. 뇌는 쉬는 것이 아니라, 쉬는 시간마저 또 다른 자극을 처리하느라 더 지쳐간다.

전문가들이 이런 상태를 '팝콘 브레인'이라고 부르며 경고하는 이유가 여기에 있다. 팝콘이 고열에 튀어 오르듯, 뇌가 즉각적이고 강렬한 자극에만 반응하도록 길들여지는 현상이다. 그 결과 독서처럼 느리고 깊은 사고를 요구하는 활동에는 집중하지 못하고, 사람의 미묘한 감정 변화나 현실의 지루함을 견디지 못하는 방향으로 흘러갈 수 있다. 멍 때림이 사라진 뇌는 결국, 깊이 생각하는 힘을 조금씩 잃어버리게 된다.

심심함은 성장의 인큐베이터다

한국의 많은 부모는 아이가 소파에 누워 멍하니 있거나 "심심해"라고 말하는 모습을 좀처럼 견디지 못한다. 그 순간을 아이가 게을러진 증거처럼 받아들이고, 뒤처질까봐 불안해하며 빈 시간을 어떻게든 채우려 든다. 심심하면 방에 들어가 책이라도 읽으라거나, 할 거 없으면 영어 단어라도 하나 더 외우라는 말로 아이를 재촉하는 장면은 낯설지 않은 풍경이다.

냉정하게 말해, 이런 반응은 아이 안에 숨어 있던 창의성의 싹을 부모가 먼저 꺾어버리는 일일 수도 있다. 아이가 바닥을 뒹굴며 "할 게 없어"라고 몸부림치는 순간이야말로 뇌가 새로운 생각을 스스로 만들어내기 시작하는 골든타임이기 때문이다. 부모의 간섭이 멈출 때, 아이의 뇌는 비로소 자기 힘으로 움직이기 시작한다.

AI나 스마트폰 같은 외부 자극이 잠시라도 차단되면 아이는 처음엔 당황한다. 그러나 곧 뇌는 결핍을 견디기 위해 내부로 시선을 돌린다. 이때 아이는 굴러다니는 색종이로 로봇을 접고, 설명서 없이 레고 블록을 섞어 자기만의 비밀 기지를 만들기 시작한다. 읽었던 동화책의 결말을 마음대로 바꿔보거나, 혼자만의 규칙으로 게임을 만들어내는 시도도 이 과정에서 자라난다.

심심함은 아이를 멈추게 하는 것이 아니라, 오히려 생각을 시작하게 만들어 준다. 남이 주는 자극 없이 스스로 무엇을 할지 고민하는 순간, 아이는 수동적인 소비자의 껍질을 깨고 능동적인 생산자로 변모한다. 무에서 유를 만드는 힘은 내면의 탐색에서 비롯되는 것이다. 이런 경험이 쌓일수록 아이는 기술에 의존하지 않고도 생각을 굴릴 수 있는 독자적인 사고력을 갖추게 된다.

스티브 잡스는 어린 시절의 지루함이 자신의 창의성을 키운 원천이었다고 말한 바 있다. AI가 거의 모든 답을 효율적으로 해결해주는 시대일수록, 인간에게 남는 가장 중요한 경쟁력은 지루함을 견디며 생각을 숙성시키는 힘이다. 기계가 대체할 수 없는 영감은 고요 속에서 자라기 시작한다. 심심해야 생각하고, 생각해야 비로소 만들어낼 수 있다는 단순한 진리를 우리는 다시 기억해야만 한다.

10분의 법칙과 노 테크 존으로 디지털 디톡스를 실천하라

현실적으로 아이의 손에서 스마트폰을 영구적으로 빼앗거나 없애버릴 수는 없다. 무리한 금지는 오히려 반발심만 키우며, 결국 부모의 통제 밖에서 더 은밀한 사용으로 이어질 가능성이 크기 때문이다. 그래서 필요한 것은 금지가 아니라, 뇌가 숨 쉴 수 있는 공백을 생활 속에서 하나의 규칙처럼 확보하는 일이다.

첫 번째 규칙은 학습 직후 10분이라는 골든타임을 지키는 일이다. 학원 수업, 인터넷 강의, 숙제처럼 집중적인 학습이 끝난 직후 10분 동안만큼은 스마트폰을 보지 않게 하는 것이 핵심이다. 이 짧은 시간은 방금 들어온 정보가 단기 기억에 머무르지 않고 장기 기억으로 정리되는 중요한 구간이기 때문이다. 쉽게 말해 뇌가 저장 중인 상태라고 보면 된다.

이때 스마트폰을 켜서 강한 시각 자극을 쏟아붓는 순간, 뇌는 방금 하던 정리 작업을 중단하고 새로운 자극 처리로 넘어가 버리기 쉽다. 아이에게 공부 직후 폰을 바로 켜면 배운 내용이 훨씬 빨리 흩어진다는 사실을 이해시키고, 10분 동안은 눈을 감고 쉬거나 멍

하니 앉아 있거나, 조용히 물을 마시는 식의 무자극 시간을 의도적
으로 갖게 해주어야 한다.

두 번째 규칙은 침실과 식탁을 노 테크 존으로 지정하는 일이다.
장소에 대한 통제는 생각보다 강력하다. 침실에서의 스마트폰 사
용은 특히 위험한 습관이 되기 쉽다. 화면의 빛과 끊임없는 정보가
뇌를 각성 상태로 유지시키면서 잠드는 시간을 늦추고 수면의 질
을 떨어뜨리기 때문이다. 뇌가 회복되지 않으면 다음 날 집중력과
기억력은 자연스럽게 흔들릴 수밖에 없다.

침실에는 잠만 남기고, 알람은 아날로그 시계를 두며, 스마트폰
은 거실에서 충전하는 규칙을 만드는 편이 훨씬 현실적이다. 식탁
도 마찬가지다. 밥을 먹으며 영상을 보는 습관은 음식의 감각을 둔
하게 만들 뿐 아니라 가족 간의 대화 기회를 조용히 빼앗아간다.
식사 시간만큼은 화면이 아니라 서로의 얼굴을 보는 시간이 되어
야 한다.

아이의 뇌는 스마트폰을 쥐었을 때와 내려놓았을 때 사실상 전혀
다른 상태로 전환된다. 스마트폰을 오래 사용하는 뇌는 자극이 계
속 들어오면서 주의력이 쉽게 분산되고, 깊게 생각해야 하는 과제
에 오래 머무르기 어려워진다. 피로가 누적되면 감정 조절도 거칠
어질 수 있다. 반대로 스마트폰을 내려놓은 뇌는 외부 입력이 줄어
든 고요한 상태에서 회복과 정리를 시작한다. 겉으로는 멍하니 쉬
는 것처럼 보여도 실제로는 머릿속에서 정보가 재배치되고 연결되

며 생각이 정리된다. 이 과정에서 기억이 더 오래 남고, 감정도 안정되며, 뜻밖의 아이디어가 떠오르기도 한다. AI보다 똑똑해지려면 가끔은 AI를 꺼야 한다. 자극이 계속되는 상태에서는 아무것도 자라지 않는다. 그러나 자극을 잠시 끊어낸 순간, 아이의 생각은 다시 천천히 자라나기 시작한다.

연결을 끊어야, 진짜와 연결된다

AI는 지치지도 않고 잠도 자지 않는다. 전원이 공급되는 한 24시간 내내 몇 초의 멈춤도 없이 데이터를 처리하고 연산한다. 그런 트랙에서 기계와 정면으로 경쟁하려는 일은 결국 소모적인 싸움에 가깝다. 그러나 인간에게만 허락된 강력한 능력이 하나 있는데 바로 쉼과 사색이다. 기계는 작동을 멈추는 순간 전원이 꺼지고 기능이 사라지지만, 인간은 반대다. 인간의 뇌는 외부 입력을 줄이고 고요해질 때 비로소 내면의 생각이 활성화된다. 진정한 지혜는 정보를 끝없이 채워 넣을 때가 아니라, 입력을 멈추고 그것을 소화하며 연결할 때 비로소 자라난다.

부모는 아이가 아무것도 하지 않는 모습을 불안해할 필요가 없다. 오히려 아이에게 멍 때릴 수 있는 자유를 허락해야 한다. 아이의 스케줄 표에는 아무것도 하지 않아도 되는 시간이라는 빈칸이 반드시 필요하다. 심심함은 낭비가 아니라, 생각이 자라나는 공간이기 때문이다. 화려하지만 가짜일 수 있는 디지털 세상과의 연결을 과감히 끊는 순간, 아이는 비로소 자기 내면과 연결된다. 그리고 우리가 발 딛고 살아가는 진짜 세상의 감각과 다시 연결된다. 이것이야말로 AI 시대에 흔들리지 않는 아이를 만드는 가장 근본적인 출발점이다.

결국 남는 것은
인간의 고유성과 태도다

제 9 장

부모의 역할:

'AI 정보력'보다 중요한 건 '아이와의 신뢰'

학원 뺑뺑이를 돌릴 것인가, 아이의 공부 근육을 믿을 것인가

대한민국 입시 환경에서 오랫동안 진리처럼 통용되던 성공의 세 가지 요소가 있다. '할아버지의 재력, 엄마의 정보력, 아빠의 무관심'이라는 자조 섞인 표현이 그것이다. 여기서 엄마의 정보력은 어느 동네 학원이 유명한지, 어떤 선생님이 족집게인지 파악하는 네트워크형 정보력을 의미해왔다. 그러나 AI의 확산으로 과거처럼 일부만 독점하던 정보의 힘은 상당 부분 약해지고 있다.

이제 누구나 AI에게 특정 지역 중학교 상위권 수학 커리큘럼을 단계별로 분석해달라고 요청할 수 있다. 정보의 비대칭성은 과거보다 분명히 줄어들었고, 부모가 불안해하며 학원 설명회를 쫓아다니고 정보를 모으는 노력만으로 성적이 오르는 시대는 점점 저물어가고 있다.

지금 부모에게 가장 큰 걸림돌은 정보의 부족이 아니라 과잉된 불안감이다. AI라는 강력한 학습 도구가 생겼음에도 부모가 조바

심을 내는 순간, 아이는 AI를 학습 도구가 아니라 빨리 끝내기 위한 처리 도구로 사용할 가능성이 커진다. 부모와 아이 사이의 신뢰가 무너지면, 좋은 도구도 아이에게는 성장의 발판이 아니라 부담과 회피의 통로로 작동하게 되는 것이다.

AI 시대 학원 교육의 효율성을 다시 생각하다

무차별적인 사교육은 AI 시대에 접어들며 과거와 같은 효과를 기대하기가 점점 어려워졌다. 예전 부모들이 굳게 믿었던 이른바 콩나물시루 논리가 있다. 시루에 물을 부으면 물이 구멍으로 다 빠져나가는 것 같아도, 그 물길 사이에서 콩나물은 결국 무럭무럭 자란다는 믿음이다. 억지로라도 학원 교실에 앉혀 놓으면 하나쯤은 머리에 남을 것이라는 기대였다.

지금은 상황이 많이 달라졌다. 아이들은 정보를 빠르게 소비하고, 그만큼 쉽게 흘려보내는 환경 속에 놓여 있다. 스마트폰과 AI가 외부 지식을 너무 편리하게 처리해주면서, 스스로 생각하고 지식을 붙잡아두는 과정이 현저하게 줄어들었기 때문이다. 아이의 몸은 학원 책상에 앉아 있어도, 머릿속은 이미 다른 곳을 향해 있는 경우가 적지 않다. 과거에는 숙제를 하기 위해 고민하는 시간이 필수였지만, 이제는 학교 숙제나 학원 과제의 풀이 과정을 AI로 빠르게 해결하고 그대로 옮겨 적는 방식이 훨씬 손쉬워졌다.

겉으로 보기에는 밤늦게까지 학원을 오가며 과제를 완수하는 성실한 학생처럼 보이지만, 실제로는 학습 내용이 내면에 남지 않는 사례가 점점 늘어나고 있다.

부모는 학원비를 결제하며 할 수 있는 최선을 다했다고 안심하지만, 그 과정이 아이의 실질적인 성장으로 이어지는지는 또 다른 문제다. 학원은 분명 유익한 배움의 공간이 될 수 있다. 그러나 동시에, 아이가 단순히 시간만 보내는 공간으로 기능할 위험도 존재한다. 강사가 열정적으로 설명해도 아이는 듣는 척 고개를 끄덕일 뿐, 머릿속으로는 전혀 다른 생각을 하고 있을 때가 있다.

중요한 것은 학원 수강 여부 자체가 아니다. 그 시간 속에서 아이가 스스로 생각하는 공부를 실제로 수행하고 있는지 확인하는 일이 핵심이다. AI를 도구로 삼아 학원에서 배운 내용을 자신의 언어로 다시 정리하고, 이해되지 않는 부분을 AI와 토론하며 파고드는 능동적인 태도가 동반되어야 한다. 도구와 환경이 변한 만큼 학습성과는 투입한 시간보다 몰입의 깊이에서 결정될 가능성이 높다.

외부 시스템이 아니라 내부 근육이 승부처다

앞으로의 입시와 삶에서는 외부 시스템보다 스스로 공부를 지속하는 힘이 더 중요한 변수로 작동할 가능성이 크다. 아무리 좋은 도구와 환경이 주어져도, 그것을 다루는 사람의 내면이 약하면 성과는 오래 버티지 못한다.

여기서 말하는 공부 근육은 두 가지 핵심 힘을 의미한다. 첫째는 자제력이다. 손만 뻗으면 몇 초 만에 정답을 베낄 수 있는 AI의 유혹과, 끝없이 이어지는 영상의 쾌락을 스스로의 의지로 밀어내고 다시 지루하더라도 책과 문제 앞으로 돌아올 수 있는 힘이다.

둘째는 지적 지구력이다. 막히는 문제를 만났을 때 바로 검색창을 켜고 싶은 본능을 억누르고, '딱 5분만 더 직접 풀어보자'고 스스로를 붙드는 끈기다. 이 힘은 1타 강사가 대신 만들어줄 수 있는 것이 아니다. 부모가 매일 학원 셔틀을 태워준다고 해서 저절로 생기지도 않는다. 아이가 고독한 책상 앞에서 스스로 고민하며 견뎌낸 시간만큼 차곡차곡 쌓여갈 뿐이다. 외부 시스템은 성장을 돕는 보조 환경에 불과하며, 결국 승부를 결정짓는 것은 아이 내면의 단단한 자제력과 지적 지구력이다.

신뢰라는 이름의 가장 강력한 경쟁력

AI 시대 부모의 진정한 역할은 불안한 마음에 아이를 이 학원 저 학원으로 내모는 매니저가 아니다. 아이가 넘어져도 다시 일어날 수 있도록 느린 시행착오를 묵묵히 견뎌주는 사람이 되는 것이 부모의 진짜 임무다. 아이가 혼자 힘으로 고민하며 공부를 시작하면 초반에는 성적이 흔들릴 수도 있고, 남들처럼 깔끔한 숙제를 제시간에 제출하지 못하는 상황이 생기기도 한다. 이때 부모가 어떤 태도를 보이느냐가 아이가 지식의 주인으로 성장할지, 도구의 사용자로 머물지를 가르는 중요한 분기점이 된다.

부모의 반응은 크게 두 가지 방향으로 나뉜다. **첫 번째는 불안 중심의 반응**이다. 이 유형의 부모는 주변과 비교하며 선행과 학원 중심의 학습을 더 강하게 밀어붙인다. 옆집 아이가 벌써 미적분을 나간다는 말에 조급해져 아이를 다그치면, 아이는 과정보다 결과가 중요하다는 느낌을 받게 된다. 부담과 피로가 쌓인 아이는 빨리 끝내고 쉬고 싶다는 마음에 AI를 숙제 대행이나 답 베끼기 용도로 쓰는 수동적 태도에 머무르게 된다. 겉으로는 성적이 유지되는 것처럼 보일 수 있지만, 시간이 갈수록 혼자 힘으로는 문제를 풀지 못하는 의존적 상태로 굳어질 위험이 커진다.

두 번째는 신뢰 중심의 반응이다. 이 유형의 부모는 진도가 조금 늦더라도 당장의 성적보다 이해의 과정을 더 중요하게 여긴다. 성적이 떨어져도 괜찮으니 스스로 고민해서 풀어낸 한 문제가, 답안지를 베껴 맞힌 백 문제보다 가치 있다고 말해준다. 부모의 신뢰를 확인한 아이는 비로소 가면을 벗고 투박하지만 자기 힘으로 공부하기 시작한다. '나를 믿어주니 직접 해보겠다'는 의지가 생기게 되고, AI도 베끼는 대상이 아니라 사고를 확장하는 도구로 활용하게 된다. 그 순간 아이는 AI의 사용자가 아니라 AI를 움직이는 주인이 된다.

이제 정보력 싸움은 끝났다고 봐야 한다. AI 시대의 경쟁력은 어디가 좋은 학원인지가 아니라, 불안한 시기에도 아이의 성장 속도를 믿어줄 수 있는 부모의 마음에서 달라지게 된다. 주변에 휩쓸리지 않고, 우리 아이만의 속도를 지켜줄 수 있는 단단함이 필요한 시점이다. 부모의 불안은 아이를 도구에 끌려다니게 만들지만, 부모의 신뢰는 아이를 도구의 주인으로 만들어줄 것이다.

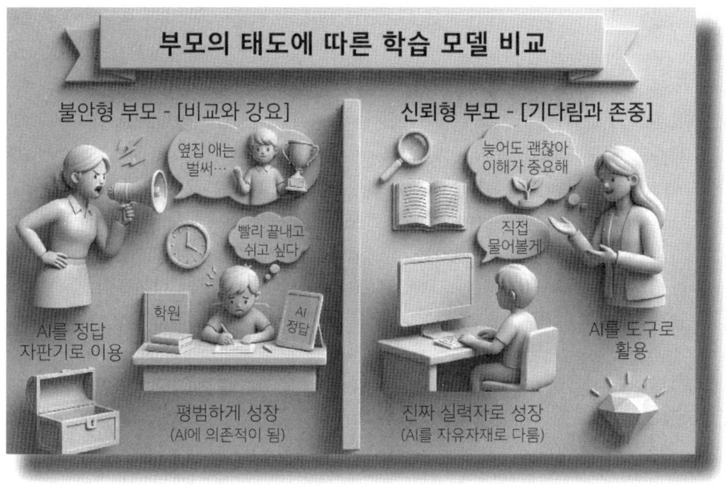

티칭 부모에서 코칭 부모로

과거 대한민국에서 성공한 부모의 표상은 훌륭한 티칭 전문가이거나 빈틈없는 매니저였다. 엄마가 직접 팔을 걷어붙이고 수학 공식을 가르치거나, 아이의 분 단위 학원 스케줄을 엑셀로 작성해서 이동을 관리했다. 밤마다 매서운 눈으로 숙제를 검사하고, 억지로 오답 노트를 만들게 하는 것이 사랑이라고 믿었다. 아이의 성적은 부모의 피땀 어린 관리력에 정비례한다는 믿음이 그 시대를 지배했던 것도 사실이다.

그러나 AI 시대가 본격적으로 열리면서 부모의 역할은 놀라울 만큼 빠르게 재편되고 있다. 지식 전달만 놓고 보아도 AI 튜터는 학교 선생님이나 명문대 출신 부모보다 더 친절하고 더 정확하게 설명해준다. 화를 내지 않고, 같은 질문을 무한 반복해도 지치지 않는 인내심까지 갖추고 있다. 스케줄 관리 역시 스마트폰 앱이 부모의 감정 섞인 고함보다 훨씬 더 규칙적이고 정확하게 알림을 보낸다. AI 기반 학습 서비스는 약점을 분석하고 학습 기록을 정리하는

데도 강점을 드러낸다.

기계가 인간보다 압도적으로 잘하는 영역인 단순 관리와 지식 주입을 부모가 끝까지 붙잡으려 할 때 갈등이 시작된다. 이때 부모는 아이에게 사랑하는 조력자가 아니라 감정적으로 흔들리는 감시자처럼 느껴지기 쉽다. 아이는 그런 부모를 존경하기보다 피하고 싶어하며, 결국 대화라는 마음의 문을 닫아버린다. 이제 부모의 역할은 지시하고 가르치는 감독관에서 아이의 잠재력을 끌어내고 동기를 세워주는 코치로 바뀌어야 한다. 지식의 양을 늘리는 일이 아니라 질문의 질을 높이는 일을 도와주고, 결과가 아닌 과정을 끝까지 응원해주는 태도가 필요하다. 이는 선택이 아니라 AI 시대를 함께 살아갈 부모와 아이 모두에게 요구되는 핵심 조건이다.

매니저는 지시하지만, 코치는 질문한다

스포츠에서 코치는 선수를 대신해 땀 흘리며 그라운드를 뛰지 않는다. 경기 내내 동작과 방향을 하나하나 명령하지도 않는다. 사사건건 지시를 내리는 순간 선수는 스스로 판단하지 못하는 수동적인 존재가 되기 때문이다. 진짜 코치는 선수가 최상의 컨디션을 유지하도록 멘탈을 세심하게 관리하고, 슬럼프에 빠졌을 때 원인을 함께 분석한다. 결정적인 순간에는 선수에게 묻는다.

"지금 너는 어떤 전략이 최선이라고 생각해? 어떻게 하고 싶니?"

코치는 스스로 답을 내릴 수 있도록 이끌어주는 사람이다.

공부도 이와 다르지 않다. AI 시대에 필요한 코칭형 부모는 매일 밤 숙제 결과를 검사하고 진도를 표로 체크하는 관리자가 아니다. 그런 영역은 이제 기계가 훨씬 더 정교하게 수행한다. 부모는 기계가 읽어내지 못하는 아이의 감정과 집중의 흐름을 살피고, 아이가 가고 있는 방향이 건강한지 점검하는 존재가 되어야 한다. 두 유형의 차이는 평소 대화에서 곧바로 드러난다.

매니저형 부모는 "숙제는 다 했니", "학원 늦는다, 서둘러라" 같은 말로 하루를 시작하고 끝낸다. 대화의 중심은 언제나 목표와 일정이다. 그 안에서 아이는 한 사람의 인격체가 아니라 수행해야 할 과제를 가진 대상처럼 취급되기 쉽다. 아이는 자신이 부모의 계획을 완수하는 도구처럼 느끼게 된다.

반면 **코칭형 부모**는 먼저 아이에게 묻는다. 오늘 공부하면서 어디가 어려웠는지, AI가 설명해준 부분 중 이해되지 않는 대목은 무엇인지, 지금 머릿속이 어떤 상태인지부터 확인한다. 대화의 주어는 목표가 아니라 아이다. 과제의 완성 여부보다 아이의 사고 과정과 감정 상태를 우선한다. "이 문제에 대해 네 생각은 어떠니"라는 질문을 통해 아이가 자기 생각을 가진 존재임을 확인해준다.

코칭의 핵심은 일방적인 지시가 아니라 상호적인 질문에 있다. 지시를 받으면 아이는 방어적으로 굳어지지만, 질문을 받으면 스스로 생각을 시작하는 경우가 많다. AI가 정답을 쏟아내는 시대일수록, 아이의 뇌를 다시 깨우는 것은 부모가 던지는 질문이다.

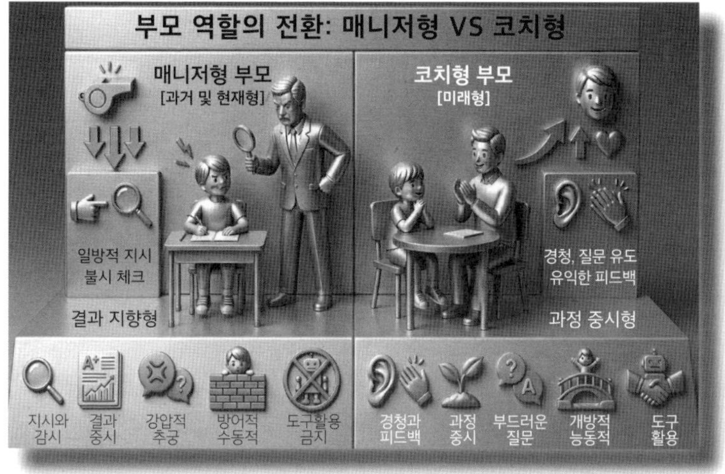

감시자가 아닌 파트너가 되어라

많은 부모는 아이가 방문을 닫고 들어가는 순간 불안한 상상을 시작한다. 공부한다고 해놓고 컴퓨터로 딴짓을 하거나 게임을 하는 것은 아닌지 의심한다. 노크도 없이 불시에 문을 열어젖히거나, 방문 문고리를 없애버리는 일도 벌어진다. 아이 몰래 스마트폰에 위치 추적이나 화면 감시 앱을 설치하는 사례도 적지 않다.

이런 방식은 신뢰를 빠르게 갉아먹고 관계를 악화시키는 방향으로 이어지기 쉽다. 부모가 나를 믿지 않고 감시한다고 느끼는 순간, 아이는 마음을 닫고 방어적인 태도로 바뀐다. 현명한 코칭형 부모는 감시 대신 전략적인 협력을 선택한다. 아이의 어려움에 먼저 공감하며 접근하는 태도가 필요하다. 네가 의지가 약해서가 아니라, AI와 유튜브 알고리즘 자체가 너무 강력해서 유혹을 이기기 어려운 것임을 인정해주는 것이다. 어른도 다이어트를 결심해놓고 밤늦게 치킨 냄새를 맡으면 흔들리는 것과 같은 이치라고 설명해주면 아이는 덜 죄책감을 느끼고, 더 솔직한 대화를 시작할 수 있다.

그 다음에는 함께 규칙을 설계해야 한다. 스마트폰을 거실에 두는 것이 좋을지, 방문을 살짝 열어두는 것이 도움이 될지, 어떤 방식이 아이에게 실제로 효과가 있을지를 아이에게 묻는다. 이 과정에서 중요한 것은 규칙을 부모가 정해주는 것이 아니라 함께 함께 합의해 세우는 것이다.

대화의 핵심은 아이에게 통제권을 일부 넘겨주는 데 있다. 부모는 감시자가 아니라 약속을 지킬 수 있도록 돕는 파트너로 자리를 잡아야 한다. 인간은 남이 시킨 명령보다 자신이 스스로 정한 규칙을 지키려 할 때 훨씬 더 높은 책임감을 보인다. 부모의 감시가 사라진 자리에 아이의 자율성과 책임감이 자라기 시작할 것이다.

지식은 AI에게 맡기고, 부모는 마음을 맡아라

아이의 시험 성적이 좋지 않아 어깨가 축 처진 채 돌아온 날을 떠올려보자. 그때 부모가 처음 건네는 한마디가 집안의 분위기와 아이의 다음 걸음을 중요한 열쇠가 된다. 아이의 표정보다 성적표를 먼저 펼쳐 드는 매니저형 부모는 즉각적인 해결책부터 찾을 것이다. 지금 학원 커리큘럼이 맞지 않으니 당장 더 유명한 학원으로 옮겨야 한다는 식의 처방이 앞선다. 반면 코치형 부모는 성적표를 잠시 덮어두고 아이의 무너진 마음부터 살핀다. 속상한 아이의 마음에 공감하는 과정이 우선이라는 사실을 알기 때문이다. AI 선생님이 아무리 똑똑해도 아이의 낙담한 마음까지 달래줄 수는 없다. 오늘만큼은 오답 노트나 분석 같은 과제를 내려놓고, 맛있는 음식을 먹으며 기운을 회복하자고 제안한다. 점검은 마음이 조금이라도 회복된 뒤에 해도 늦지 않다는 사실을 알고 있기 때문이다.

AI는 공감하는 척 말할 수는 있어도 아이의 떨리는 손을 잡아줄 체온이 없고, 함께 울어줄 눈물도 존재하지 않는다. 지식을 설명하는 일은 AI에게 맡겨도 되는 시대가 되어가고 있으며, 스케줄을 관리하는 일은 스마트폰 앱이 더 빠르고 정확하게 수행할 수 있다. 그러나 오직 부모만이 할 수 있는 영역은 따로 있다. 아이가 넘어졌을 때, 다시 일어나도록 마음을 붙들어주는 일이다.

입시와 인생은 단거리 경주가 아니라 긴 마라톤이다. 아이가 달리다 지쳐 아스팔트 위에 주저앉는 순간, 다시 일으켜 세워 끝까지 걷게 만드는 힘은 '다시 시작하면 된다'는 믿음과 격려에서 솟아난다. 기술이 고도로 발달할수록, 아이가 언제든 기댈 수 있는 든든한 내 편이 되어주는 역할은 어떤 첨단 기술로도 대체할 수 없는 부모의 핵심 역할이 되어야 한다.

우리 가족
AI 사용 헌법 만들기

신뢰는 마음속의 막연한 믿음만으로 유지되지 않는다. 서로 납득할 수 있는 명확한 규칙과 투명한 합의라는 단단한 토대 위에서만 건강하게 자라난다. 많은 가정에서 스마트폰과 AI 사용 시간을 두고 갈등이 반복되는 이유도 여기에 있다. 규칙이 아예 없거나, 있어도 부모가 일방적으로 내려보낸 지시 수준에 그치기 때문이다.

"하루에 한 시간만 해라", "잘 때는 무조건 압수한다" 같은 통보는 아이에게 합리적인 규칙이 아니라 권위적인 억압으로 다가간다. 일방적인 지시는 자발적인 준수로 이어지기보다, 부모의 눈을 피하는 요령과 반발심을 키우는 결과로 흐르기 쉽다. AI와 공존하는 시대를 살아가는 가족에게는 과거와 다른 차원의 약속이 필요하다. 부모의 권위로 찍어 누르는 방식이 아니라, 구성원 모두가 식탁에 둘러앉아 동등한 입장에서 토론하고 합의한 '가족 AI 헌법'같은 약속을 세워야 한다.

아이들은 남이 강요한 규칙은 잘 지키려 하지 않지만, 스스로 결정 과정에 참여한 약속은 자존심을 걸고 지키려 노력한다. 스스로 정한 규칙에 책임감을 느끼는 인간의 본성을 교육에 활용해야 한다. 이런 과정을 통해 만들어진 가족 헌법은 단순한 제약이 아니다. 가족 간의 신뢰를 확인하고, 서로의 디지털 생활을 존중하는 소중한 공동의 기준이 된다.

협상 테이블을 마련하라

이번 주말 저녁, 간단한 간식을 차려놓고 가족 회의를 정식으로 소집해보자. 회의의 안건은 단순히 스마트폰 사용 시간을 줄이자는 이야기가 아니다. 어떻게 하면 가족이 똑똑한 AI의 노예가 되지 않고, 당당한 주인이 되어 주도적으로 활용할 수 있을지에 관한 중요한 이야기이다.

여기에는 반드시 지켜야 할 대원칙이 있다. 부모가 마음속에 이미 정답을 정해놓고 아이를 그쪽으로 몰아가는 유도 신문을 해서는 안 된다는 점이다. 정해진 답을 강요하는 통보는 회의가 아니다. 발언권은 아이에게 먼저 주어야 한다. 유튜브 숏츠를 보느라 숙제를 못 했던 날의 찝찝한 기분을 아이 스스로 떠올리게 한 뒤, 뇌가 성장하기 위해 필요한 최소한의 휴식 시간을 함께 이야기하는 방식이 좋다. 그 다음 어느 정도 사용량이 적당하다고 생각하는지, 아이의 의견을 먼저 묻는 태도가 필요하다.

아이가 "하루 세 시간은 필요하다"처럼 다소 무리한 요구를 하더라도 즉시 거절하지 말아야 한다. 그 순간부터 진지한 협상의 과정이 시작된다. 세 시간은 시력 보호와 뇌 회복 측면에서 과한 면이 있음을 차분히 설명하고, 평일에는 학습을 고려해 시간을 조율하되 주말에는 보너스 개념으로 사용 시간을 늘려주는 대안을 제안해보는 것이다. 그리고 그 대안에 대해 아이가 어떻게 생각하는지 다시 묻고, 끝까지 경청한다.

서로 조건을 내걸고 의견을 조율하는 협상 과정, 그리고 합의에 도달하는 경험 자체가 아이에게는 큰 의미를 지니게 된다. 이는 단순히 지시를 따르는 수동적인 존재에서 벗어나, 자신의 욕구를 인지하고 스스로 조절하는 능력을 기르는 최고의 훈련이기 때문이다. 스스로 결정에 참여했다는 책임감은 어떤 강압적인 규칙보다 강력한 실행력을 만들어 낼 것이다.

가족 AI 헌법 필수 조항 예시

가족이 함께 지킬 헌법은 누구나 이해하기 쉬우며, 동시에 명확해야 한다. AI 시대에 건강한 디지털 습관을 형성하기 위해 꼭 필요한 네 가지 핵심 원칙을 제안한다.

제1조 투명성의 원칙: 출처 표기

AI를 사용해 과제나 숙제를 할 때는 반드시 AI의 도움을 받았음을 부모나 선생님에게 밝힌다. "독후감의 개요는 AI와 상의해 짰고, 본문은 직접 작성했다"라고 솔직하게 공유하는 방식이다. 숨어서 하는 부정행위를 양지로 끌어올려, 정당한 협업으로 인정하는 것이 이 조항의 취지다.

제2조 검증의 의무: 팩트 체크

AI가 제시한 정보가 사실인지 검색이나 교과서 확인을 통해 최소 한 번 이상 교차 검증한다. 가족 차원에서 검증 없이 인용한 정보는 학습으로 인정하지 않기로 합의할 수도 있다. 스스로 사실을 대조하고 확인하는 과정을 통해 비판적 사고력을 기르는 데 목적이 있다.

제3조 디지털 디톡스: 뇌 휴식권

뇌의 재부팅을 위해 매일 저녁 9시부터 다음 날 아침 7시까지 모든 기기를 거실 충전소에 둔다. 또한 식사 시간과 가족 대화 시간에는 기기를 사용하지 않는다. 이는 멍 때릴 때 활성화되는 DMN을 회복시키고, 가족 간의 대화 시간을 확보하여 관계를 살리는데 꼭 필요한 장치다.

제4조 상호 존중: 부모도 예외 없다

이 헌법은 부모와 자녀 모두에게 동일하게 적용된다. 부모가 규칙을 어길 경우 아이는 정당하게 이의를 제기할 수 있으며, 부모는 미리 합의한 벌칙을 수행한다. 아이에게는 기기를 끄라고 소리치면서 부모는 소파에 누워 TV영상을 보는 이중잣대를 방지하고, 공정한 디지털 문화를 만드는 것이 핵심이다.

우리 가족 디지털 약속 서약서

우리는 AI를 생각을 돕는 도구로 사용하며 생각을 훔치는 도구로 쓰지 않겠습니다.

부모는 아이가 화면을 보고 있을 때 놀고 있다고 비난하기 전에 무엇을 찾고 있는지 먼저 질문하며 관심을 보이겠습니다.

자녀는 숙제에 AI를 활용했다면 어느 부분에서 도움을 받았는지 부모에게 솔직하게 밝히겠습니다.

우리는 서로의 디지털 생활을 존중하며 약속한 규칙을 성실히 이행할 것을 서약합니다.

OOOO년 OO월 OO일

서명: 아빠 ＿＿ 엄마 ＿＿ 자녀 ＿＿

실패를 허용하는 안전지대

가족 헌법의 궁극적인 목적은 아이를 통제하고 처벌하는 데 있지 않다. 아이의 건강한 성장을 돕는 데 있다는 사실을 부모가 먼저 명심해야 한다. 아이는 완벽한 존재가 아니기에 약속을 어기고 이불 속에서 몰래 게임을 하다가 들킬 수도 있고, 귀찮은 마음에 AI로 숙제를 대충 베껴 쓰다가 꾸중을 들을 수도 있다. 문제는 그 실패의 순간에 부모가 어떤 태도를 보이느냐이다. 매니저형 부모는 기다렸다는 듯 비난을 퍼붓고 기기 압수 같은 강압적 조치를 택하곤 한다. 그러나 코치형 부모는 감정적인 반응을 줄이고, 차분한 분석부터 시작한다.

합의했던 헌법 정신으로 돌아가 차분히 대화하며 상황을 점검하는 태도가 필요하다. 규칙이 현실에 비해 지나치게 빡빡해서 지키기 어려웠던 것인지, 아니면 잠깐 의지가 약해졌던 것인지 아이와 함께 원인을 찾아야 한다. 다음 주에는 규칙을 조금 더 현실적으로 조정하는 것이 좋을지 묻는 과정에서 아이는 비난받는 대신 존중받는다고 느낀다. 이러한 대화는 아이가 스스로를 돌아보고 개선책을 세우는 진짜 배움의 시간이 된다.

집은 아이가 AI라는 강력한 도구를 다루다 실수해도 안심하고 회복할 수 있는 병원이자 베이스캠프여야 한다. 바깥세상에서는 AI 활용 능력으로 평가받고 치열하게 경쟁하더라도, 집에서만큼은 실수담을 숨기지 않고 털어놓을 수 있어야 한다. 부모는 아이가 실수를 감추기 위해 거짓말을 하게 만드는 존재가 아니라, 솔직히 말하고 도움을 요청할 수 있게 해주는 안전한 조력자가 되어야 한다.

가정 안에 튼튼한 심리적 안전지대가 확보된 아이는 바깥세상의 거친 데이터 파도 속에서도 AI에 종속되지 않으며, 오히려 도구를 주도적으로 다루는 선장으로 성장할 것이다. 결국 AI 시대의 교육은 화려한 기술 훈련이 아니라 부모와 자녀 사이의 가장 인간적인 신뢰 관계로 귀결된다. 관계의 뿌리가 단단하면 어떤 기술 폭풍이 몰아쳐도 아이는 흔들리지 않고 자기 길을 걸어가게 된다.

제 10 장

학교의 변화:

정답이 아닌 사고의 과정을 평가하는 시대

AI 시대, 교실이 더 소중해지는 이유

아침 일찍 학교에 가야 하는 이유를 묻는 아이들의 목소리는 이제 반항이 아니라 본질적인 질문으로 다가온다. 집에서 AI 튜터와 학습하는 것이 더 효율적인데, 굳이 교실에 모여야 하느냐는 물음에 교육계는 더 이상 회피할 수 없는 답을 내놓아야 할 것이다. 이미 온라인으로 전 세계를 무대로 학습하는 혁신적인 교육 모델이 성과를 증명하고 있으며, AI는 방대한 지식을 빠르게 정리하고 설명하는 능력에서 교사의 부담을 크게 덜어주는 수준까지 발전했다. 지식 전달의 효율성만 놓고 본다면 일정한 공간에 모여 같은 진도를 나가는 전통적 방식은 분명 재구성이 필요해 보인다.

AI는 학생이 같은 질문을 반복해도 화를 내지 않으며, 편애 없이 개별 수준에 맞춘 설명을 제공한다. 반복 설명과 개별 맞춤 안내 같은 티칭 기능에서는 AI가 분명한 강점을 가진다. 그러나 기술이 정교해질수록 전통적 학교와 물리적 교실의 가치는 진짜 실력을 확인하는 공간으로 다시 주목받는다. 디지털 환경에서는 제출된 과제나 시험 결과물 가운데 무엇이 학생의 사고력에서 나온 것인지, 무엇이 AI가 생성한 결과물인지 판단하기가 점점 더 어려워지기 때문이다. 결국 교실은 아이의 실제 역량을 확인할 수 있는 가장 중요한 현장 중 하나가 될 것이다.

또한 서로의 눈을 맞추고 대화하며 논리를 펼치는 과정은 디지털 화면이 온전히 대체할 수 없는 영역이다. 교실은 단순히 지식을 전달받는 장소가 아니라, 타인과 소통하고 협력하며 자신의 생각을 현실의 목소리로 증명해내는 살아 있는 실험실이 되어야 한다. 이러한 직접적인 상호작용이 일어나는 물리적 공간이야말로 AI 시대에 아이들이 지식의 주인이 되는 법을 배우는 가장 소중한 현장이다.

집은 학습의 공간, 학교는 검증의 공간

과거 교육 모델에서는 집에서 해오는 숙제나 수행평가 리포트로 학생의 성실성과 학습 수준을 어느 정도 가늠할 수 있었다. 그러나 생성형 AI가 보편화되면서 사적인 공간에서 작성된 결과물은 평가 자료로서 신뢰를 빠르게 잃어가고 있다. 교사 입장에서는 제출된 리포트가 학생이 밤을 새워 직접 쓴 것인지, AI가 단 몇 초 만에 작성한 것인지, 혹은 부모가 상당 부분 도와준 것인지 구분하기가 어렵기 때문이다. 교육 현장에서는 이를 '평가의 무력화' 혹은 '검증의 한계'라고 부른다.

작성 단계에서의 신뢰가 흔들리면서 아이러니하게도 전통적 학교의 역할이 다시 중요해지기 시작했다. 공정한 평가는 결국 교사의 관찰이 닿는 교실 안에서만 가능해지기 때문이다. 학교는 지식을 제공하는 공간을 넘어, 학생의 실제 역량을 확인하는 검증의 공간으로 기능해야 할 것이다.

검증을 위한 방법은 다양하지만, 비교적 단순하면서도 현실적인 대안이 존재한다. 예를 들어 교실 입구에서 스마트폰을 수거하고 인터넷을 차단한 상태에서 종이와 펜으로만 자신의 생각을 써 내려가게 하는 클린 룸 시험이 하나의 방식이 될 수 있다. 교사의 질문 앞에서 자신의 논리를 말로 설명하고 방어해야 하는 구술 평가도 효과적이다. 한때 낡은 방식처럼 여겨지던 아날로그식 평가가 오히려 AI의 무분별한 개입을 차단하고 학생의 실력을 드러내주는 강력한 도구가 되는 셈이다. AI가 많은 것을 대신해주는 시대일수록, 인간에게 더 중요해지는 능력이 있다. 그것은 디지털 도구의 도움 없이 스스로 생각을 정리하고 논리를 세우며 문제를 해결해내는 힘이다. 학교는 이 능력을 기르고 확인하는 중요한 방어선이자 기준점으로 남아야 한다.

아이가 AI에만 의존하다가 글쓰기 능력과 사고력을 잃지 않게 하려면 가정에서도 작은 장치가 필요하다. 가장 현실적인 방법은 주말 중 일정 시간을 디지털 프리타임으로 정해 실천하는 것이다.

규칙은 단순하다. 주말 중 1시간을 정해 스마트폰과 태블릿을 치우고 오직 종이와 연필로만 글을 쓰게 한다. 활동은 일기 쓰기, 독후감 쓰기, 부모에게 편지 쓰기처럼 부담이 크지 않은 형태로 시작하는 것이 좋다. 처음에는 한 문장도 못 쓰겠다고 투덜대던 아이도 반복하다 보면 스스로 문장을 만들어내는 힘을 회복하게 된다. 이 시간은 단순한 글쓰기 연습이 아니라, AI 없이도 생각을 꺼내고 정리할 수 있다는 감각을 되찾는 작지만 중요한 훈련이 될 것이다.

과정을 보지 못하면 결과도 믿을 수 없다

학교 현장의 평가 방식은 최근 몇 년 사이 빠르게 변화하고 있다. 집에서 완성해온 결과물만으로 학생의 실력을 평가하는 방식은 점점 설득력을 잃어가고 있으며, 교사는 결과물이 만들어지는 과정을 직접 확인했을 때에만 점수를 부여하려는 방향으로 이동하고 있다. 과정이 증명되어야 결과도 인정받는다는 새로운 원칙이 자리 잡아가고 있는 것이다.

비중이 큰 수행평가부터 변화가 뚜렷하다. 과거에는 "다음 주까지 책을 읽고 독후감을 써오라"는 과제가 흔했다. 그러나 이 방식은 학생이 직접 쓴 것인지, 부모가 도와준 것인지, AI가 대필한 것인지 검증하기가 어렵다. 그래서 최근에는 수업 시간에 스마트폰을 제출한 뒤 교사가 보는 앞에서 자필로 독후감을 작성하게 하는 방식이 늘고 있다. 외부 개입이 차단된 상태에서 오직 학생의 머리와 손만 작동하기 때문에, 그 결과물은 상대적으로 신뢰할 수 있는 실제 실력으로 인정할 수 있다.

이 과정에서 교사의 역할도 달라지게 될 것이다. 교사는 관찰자가 되어 교실을 돌아다닌다. 아이가 문장을 쓰지 못해 머뭇거리는 장면, 내용을 지우고 다시 쓰며 고민하는 흔적, 친구와 토론하며 생각을 확장하는 태도까지 모두 관찰한다. 이러한 과정 기록은 생활기록부에 반영될 수 있으며, 성적을 결정하는 중요한 근거가 된다.

결과가 중요하던 시기에는 '게으른 천재'라 불리는 학생도 존재했다. 수업 시간에 멍하니 있어도 지필고사 성적이 좋으면 학업우수생으로 인정받을 수 있었기 때문이다. 그러나 AI가 보편화된 지금은 상황이 달라진다. 수업 참여와 과정이 부족하면 수행평가나 종합적 평가에서 불리해질 수 있다. 결과물이 아무리 훌륭해도 그것이 어떻게 만들어졌는지 확인되지 않으면 학습의 진정성이 의심

받기 때문이다. 교실은 이제 완벽한 답안지를 제출하는 곳이 아니라, 자신의 사고 과정을 투명하게 드러내고 증명하는 공간으로 역할을 넓혀가고 있다.

학교는 사회성을 배우는 곳

학교는 AI 시대에도 쉽게 대체되기 어렵고, 오히려 다른 방식으로 더 중요해질 가능성이 크다. AI라는 기계가 아무리 발전해도 가르쳐줄 수 없는 관계의 기술을 온몸으로 배우는 공간이기 때문이다. AI는 명령에 즉각 반응하는 완벽한 개인 비서일 수는 있어도, 마음을 주고받는 진짜 친구가 되기는 어렵다. 알고리즘에 따라 맞춰주고 듣기 좋은 말만 건네는 기계와 달리, 현실의 친구는 의견이 달라 다투기도 하고 질투하기도 하며 갈등을 만들어내는 예측 불가능한 존재들이다.

수행평가 팀 프로젝트에서 의견이 달라서 얼굴을 붉히는 과정이나, 싫어하는 친구와 짝이 되어 어쩔 수 없이 협력해야 하는 상황은 효율만 따지는 관점에서는 불필요한 감정 소모처럼 보일 수 있을 것이다. 그러나 바로 그 느리고 번거로운 과정이 아이의 내면을 단단하게 만들고 성숙한 인간으로 성장시키는 대체 불가능한 자양분이 된다. 감정의 마찰을 견디고 조율하는 경험은 특히 물리적 공간인 교실에서 훨씬 더 선명하게 축적된다.

다가올 사회가 요구하는 진정한 리더는 AI 도구를 능숙하게 다루는 기술자인 동시에 사람의 마음을 읽고 움직일 줄 아는 휴머니스트여야 한다. 공감 능력과 리더십은 혼자 모니터만 바라본다고 생기지 않는다. 활기찬 교실 안에서 타인과 부대끼고 충돌하며 생기는 마찰 속에서 서서히 자라난다. 갈등을 해결해 본 경험이 있는 아이일수록, 타인의 마음을 얻는 법을 더 빠르게 배울 수 있다.

부모는 아침마다 등교하는 아이의 등을 두드려주며 학교의 진정한 가치를 다시 알려주어야 한다. 학교는 단순히 지식을 머리에 넣으러 가는 곳이 아니다. AI의 개입을 최소화한 공간에서 정정당당하게 자신의 실력을 증명하는 곳이다. 또한 기계가 아닌 진짜 사람을 만나 관계를 맺고, 소통하는 법을 배우는 소중한 현장이다.

AI가 내놓은 답에 대해 너는 어떻게 생각하니?

조선 후기 실학자를 고르는 단답형 질문에 학생이 답하던 시절이 있었다. 지식의 정답이 교사의 머릿속이나 교과서에만 머물던 시대의 풍경이다. 그러나 지금은 암기 위주의 지식이라면 AI가 인간보다 더 정확하고 빠르게 찾아낸다. 단순히 지식을 전달하는 역할만으로 교사의 가치를 설명하기가 점점 어려워지고 있다.

따라서 교사는 학생에게 정답을 알려주는 것 외에도, AI가 내놓은 답을 의심하게 만드는 사람이 되어야 하며, 미래 교실의 수업 방식도 그에 맞춰 달라져야 할 것이다. 교사는 칠판 앞에서 일방적으로 설명하는 대신, 대형 스크린에 AI의 답변을 띄운다. 아이들 앞에서 복잡한 질문을 던지고 AI가 유려한 답을 생성하면, 그 순간부터 수업의 진짜 핵심이 시작된다. 교사는 묵직한 한 문장을 던진다.

"이 답이 정말 맞을까요?"

화면에 나타난 답변이 그럴듯해 보여도, 그것이 완벽한지는 따져

봐야 한다. 사실관계의 오류는 없는지, 논리적 비약은 없는지, 특정 관점이나 데이터의 편향이 숨어 있지는 않은지를 함께 점검하는 과정이 필요하다. AI의 답을 검증하고 채점하는 순간부터 비로소 진짜 공부가 시작되는 것이다. 학생의 뇌는 수동적인 학습 모드에서 능동적인 비판 모드로 전환된다.

학생들은 AI의 답변을 맹신하지 않고, 팩트를 확인하며 논리를 해부한다. 정답을 외우는 것이 아니라, 정답이라고 주장하는 결과물을 검증하는 능력을 기르는 것이다. AI 시대 교실이 길러야 할 가장 강력한 사고력은 결국 이 비판적 해독 능력이 될 것이다.

AI를 피고석에 앉혀라

앞으로의 미래형 수업에서 가장 강력하고 현실적인 모델 중 하나는 'AI 비평 수업'이다. 학교에서 AI를 절대적인 지식보유 창고로 다루는 방식은 오래가지 못할 것이다. AI는 교사가 따라야 할 정답이 아니라, 메스를 들고 해부하고 분석해야 할 불완전한 텍스트로 다루어야 한다. 즉, AI를 비판의 대상으로 피고석에 세우는 태도가 필요하다.

역사 수업을 예로 들어보자. 교사가 대형 화면에 AI를 띄우고 "산업혁명은 인류의 삶을 전반적으로 개선한 진보였는가?"라는 질문을 던진다. AI는 방대한 데이터를 빠르게 정리해 산업혁명이 생산성을 끌어올리고 기술 발전을 촉진했으며 결과적으로 사회 전체의 생활 수준을 높였다는 논리를 매끄럽게 제시한다. 겉보기에 답변은 완벽해 보이며, 사전 지식이 충분하지 않은 학생은 이 결론을 너무 자연스럽게 받아들이기 쉽다. '결국 산업혁명은 좋은 일이었다'라는 결론이 그럴듯하게 느껴지는 바로 그 순간이 교사의 개입이 필요한 결정적인 교육 타이밍이다.

교사는 학생들을 여러 그룹으로 나누고 검증 미션을 부여한 뒤, AI가 제시한 근거 중 무엇이 사실이고 무엇이 부분적 사실인지 찾아내게 해본다. 특히 AI가 의도적으로 혹은 무심코 빠뜨린 역사적 기록과 통계 자료를 찾아 산업혁명이 남긴 어두운 면을 근거로 반박하도록 과제를 제시한다.

학생들은 교과서뿐 아니라 당시 노동 관련 기록, 공장법 자료, 아동 노동에 대한 보고서 등을 뒤지며 AI의 논리를 검증하기 시작한다. 그 과정에서 학생들은 중요한 사실을 발견한다. AI는 생산량 증가와 기술 발전을 강조했지만, 아동 노동의 규모와 노동 환경의 참혹함, 평균 수명과 도시 빈민의 삶, 노동자 계층의 현실을 보여주는 1차 사료는 축소하거나 누락하고 있었다는 점이다. 또한 출처 자체가 산업 발전을 긍정적으로 해석하는 자료에 한정되어 있다는 사실도 드러난다.

이 수업에서 학생들은 단순히 연도를 암기하는 수준을 넘어선다. 역사적 사실은 하나의 정답이 아니라, 어떤 자료를 선택하고 어떤 관점으로 해석하느냐에 따라 결론이 달라질 수 있다는 점을 체감한다. 눈앞의 AI라는 거대한 답변을 반박하기 위해, 아이들은 시키지 않아도 더 깊고 집요하게 공부하게 될 것이다. 이러한 과정이 반복될 때 기술에 휘둘리지 않는 주체적인 사고력이 자라난다.

평가의 기준이 What에서 Why와 How로 바뀐다

혁신적인 수업 방식의 변화는 학생을 평가하는 방식의 근본적인 전환을 요구할 것이다. 단순히 암기한 지식을 골라내는 중간고사나 기말고사의 선택형 문항만으로는 학생의 비판적 사고력과 AI 활용 능력을 측정하기 어렵기 때문이다. 앞으로 학교 평가는 결과물인 What(무엇)이 아니라, 그 결과를 도출해 낸 Why(왜)와 How(어떻게)를 확인하는 방향으로 옮겨가게 된다.

교사는 학생에게 최종 결과물외에, 그 결과물을 만들기 위해 AI와 어떤 대화를 나누었는지 보여주는 대화 로그, 초안을 어떻게 고쳤는지 확인할 수 있는 수정 이력, 참고한 자료의 출처를 함께 제출하도록 해야 할 것이다. 이것이 곧 학생의 사고 과정을 증명하는 블랙박스가 되기 때문이다. 평가 등급은 AI를 다루는 주도권이 누구에게 있느냐에 따라 분명하게 나뉘게 된다.

평가등급을 다음 A·B·C의 3가지 등급으로 구분해보자

C등급은 생각하기를 포기한 경우이다. AI가 생성한 글을 수정 없이 그대로 복사해 제출한다. 이는 학습 윤리 측면에서도 문제가 되며, 자신의 사고가 전혀 반영되지 않았으므로 최하점을 받는다.

B등급은 AI의 보조자 역할에 머문 경우이다. AI가 작성한 글의 비문이나 어색한 표현을 다듬고 문장을 매끄럽게 만드는 편집자 역할에 그친다. 성실함은 인정받지만, 독창성과 논리의 주도권은 여전히 부족한 상태이다.

A등급은 AI를 부리는 감독관이 된 경우이다. AI에게 날카로운 추가 질문을 던져 더 깊은 초안을 뽑아내고, 팩트 체크를 통해 오류와 빈틈을 잡아낸다. 마지막으로 AI가 대신하기 어려운 개인의 경험, 관점, 가치 판단을 더해 글을 완전히 재구성한다.

교사의 생활기록부 평가 코멘트 역시 단순 점수 중심에서 벗어나 구체적인 피드백 중심으로 바뀌게 될 것이다. 예를 들어 AI가 놓친 윤리적 관점을 예리하게 포착했다거나, 기계적 데이터의 한계를 인간적인 시각으로 보완했다는 식의 평가가 핵심이 된다. AI가 만든 80점짜리 초안에 인간만이 더할 수 있는 20점의 가치를 더했는지가 AI 시대의 새로운 A학점 기준이 될 것이다.

202X년 미래형 생활기록부 예시

과목: 사회(역사)

과제: 병자호란의 원인 분석 리포트

AI 활용 점수(30점): 당시 청나라의 외교적 입장을 파악하기 위해 정교한 프롬프트를 설계하여 28점 획득.

비판적 사고 점수(40점): AI가 누락한 조선 내부 척화파의 논리를 교과서와 수업 자료에서 찾아 보완하여 38점 획득.

교사 총평: AI의 요약을 그대로 따르지 않고 누락된 맹점을 비판적으로 점검하여 자신의 논리로 재구성함. (A)

교사는 지휘자이자 자극제다

교사가 교단 위에서 홀로 지식을 알려주는 시대는 지나가고 있다. 이제 교사의 역할은 거대한 오케스트라를 이끄는 지휘자에 가까워지고 있으며, 교실이라는 무대에서 학생들은 저마다 성능이 다른 AI라는 강력한 악기를 손에 쥐고 있다. 교사는 그 학생들에게 끊임없이 신호를 보내고, 언제 AI를 활용해 자료를 수집해야 하는지, 언제 모든 화면을 끄고 오직 자신의 머리로만 사고해야 하는지를 명확히 구분해서 알려주어야 한다. 기술의 효율성과 인간의 사색 사이에서 템포를 조절하고, 학생들이 길을 잃지 않도록 방향을 잡아주는 조율자의 역할이 무엇보다 중요해질 것이다.

교사는 학생들의 뇌를 계속 자극하고 불편하게 만드는 지적 촉매제의 역할도 수행해야 할 것이다. 인간은 본능적으로 편리함을 추구하기 때문에 학생들은 AI가 제공하는 매끈한 정답에 안주하려는 경향을 보이기 쉽다. 이때 교사는 의도적으로 그 평온함을 깨뜨려 주어야 한다. AI의 답변이 정말 타당한지, 사실관계에 오류는 없는지, 우리가 놓치고 있는 관점은 무엇인지 끊임없이 질문해야 한다. 완벽해 보이는 논리의 반대편 입장을 고민하게 함으로써 굳어지려는 사고 회로를 깨우고 확장시키는 역할이 교사의 핵심과제가 될 것이다.

AI 시대의 학교는 단순히 지식을 채우는 창고가 아니라, 살아 있는 지식을 다루는 법을 익히는 훈련장으로 변모해야 한다. 교사는 그 훈련장의 안내자로서 학생들이 AI라는 강력한 도구에 휘둘리지 않도록 이끌어 주며, 정답을 익히는 것 뿐 아니라, 정답처럼 보이는 주장과 자료를 검증하고 해석하는 비판적 사고력을 끝까지 지켜주는 마지막 존재가 되어야 할 것이다. 기술이 인간의 지능을 추월하려는 시대일수록, 교사가 던지는 질문 하나는 아이들이 지식의 주권을 지키게 하는 가장 강력한 방패가 되어줄 수 있다.

제 11 장

고전에서 찾은 미래:

질문하고, 편집하고, 판단하라

프롬프트의 본질은
결국 인문학적 호기심이다

실리콘밸리의 일부 기업들은 개발자뿐 아니라 인문학적 배경을 가진 인재를 적극적으로 채용하려는 움직임을 보이기도 한다. 인문학적 사고를 지닌 사람들이 AI 분야에서 주목받는 이유는 거대 언어 모델의 작동 원리와 깊이 맞닿아 있기 때문이다. 현재의 AI는 인간이 남긴 방대한 언어 데이터를 바탕으로 문맥적으로 그럴듯한 답변을 생성하는 방식으로 작동한다.

AI로부터 원하는 결과를 얻기 위해 명령을 내리는 기술을 프롬프트 엔지니어링이라 부른다. 공학적인 명칭 때문에 복잡한 수학 공식이나 코드를 짜야 하는 고난도 기술로 오해하기 쉽지만 실제로는 우리가 생각하는 것과 결이 다르다. 프롬프트의 본질은 기계어 입력이 아니라 질문을 중심으로 한 대화에 가깝다. 좋은 프롬프트란 결국 핵심을 찌르는 좋은 질문 그 자체를 의미한다.

인류 역사에서 인간과 사회의 본질을 꿰뚫는 질문을 던져온 이들은 기술자가 아니라 인문학자들이었다. "너 자신을 알라"라고 말한 소크라테스, 인간의 도리를 탐구한 공자, 인간의 욕망을 파헤친 괴테 같은 철학자와 문호들이야말로 질문의 대가였다. 그들이 남긴 통찰은 오늘날 AI와 대화하는 가장 강력한 문법이 된다.

미래 시대에 AI를 자유자재로 다룬다는 것은 단순히 명령어를 빠르게 입력하는 기능 이상의 의미를 지닌다. 그것은 인간과 이 복잡한 세상에 대해 깊고 진지한 호기심을 품는 태도와 동의어다. 질문의 깊이가 AI 답변의 수준을 결정하는 경향이 있기 때문이다. 기술적 숙련도보다 세상을 바라보는 따뜻하면서도 예리한 시선이 더 강력한 경쟁력이 되는 시대가 열리고 있다.

AI는 답을 갖고 있고, 인간은 결핍을 갖고 있다

AI는 인류가 축적해온 방대한 지식을 압축해 보여주는 도구라 할 수 있다. 셰익스피어의 비극부터 최신 과학 논문까지, 세상의 거의 모든 데이터를 학습했으며 지식의 양만 놓고 보면 이미 인간의 영역을 넘어섰다. 무엇이든 아는 것처럼 보이는 AI에게도 치명적인 약점이 있다. 아직까지는 AI는 스스로 궁금해하는 능력이 거의 없다는 점이다. AI는 인간이 질문을 입력하기 전까지 먼저 말을 꺼내지 않는, 철저히 수동적인 존재에 불과하다.

반면 인간은 태어날 때 아무것도 모르는 상태로 시작하기에 불완전하고 무지하다. 그러나 이 결핍이 우리를 움직이는 강력한 동력이 된다. 모르기 때문에 인간은 끊임없이 고뇌하며 인간은 무엇을 위해 사는지, 우리가 지켜야 할 정의가 무엇인지 묻는다. 결핍에서 솟아나는 근원적인 호기심은 AI를 깨우는 강력한 프롬프트의 시작점이 된다.

인문학적 독서를 해본 아이일수록 AI를 대하는 태도에서 분명한 차이가 나타난다. 단순히 숙제를 대신해달라거나 내용을 요약해달라는 일차원적인 요청에 머물지 않는다. 현상의 이면과 본질을 파고드는 질문을 던지며, AI가 가진 잠재력을 더 깊이 끌어낸다. 지식을 수동적으로 받아먹는 소비자가 아니라, 지식을 비판적으로 재구성하는 생산자의 모습을 보여주는 것이다. 실제로 활용할 수 있는 인문학적 프롬프트는 다음과 같은 형식을 띨 수 있다. 줄거리 요약 같은 단순 정보 검색이 아니라, 인간의 심리와 선택의 가치를 묻는 방식이다.

"이 동화책의 줄거리를 알려주는 것에 그치지 말고, 주인공이 왜 그런 이기적인 선택을 했는지 숨겨진 욕망을 중심으로 분석해줘. 그리고 만약 주인공이 타인을 배려하는 마음을 가졌다면 이야기가 어떻게 더 따뜻하게 바뀌었을지 새로운 결말을 제안해볼래?"

AI의 성능을 극한으로 끌어올리는 수준 높은 질문은 코딩 기술이나 데이터 처리 능력에서만 나오지 않는다. 인간의 내면과 역사, 가치의 층위를 깊이 들여다보는 인문학적 통찰에서 나온다. 아이의 호기심을 지식으로 연결하는 힘은 결국 세상을 향한 질문의 깊이에 달려 있다.

고전은 최고의 프롬프트 교과서

최첨단 기술이 지배하는 시대에 오래되고 낯선 고전을 읽어야 하는 이유는 AI 시대에 오히려 더 분명해진다. 고전은 단순히 낡은 책이 아니다. 수백 년, 혹은 수천 년의 혹독한 시간 속에서 검증을 견뎌내고 살아남은 인류 지혜의 결정체이며, 동시에 질문의 정수를 담고 있는 텍스트이기 때문이다.

마키아벨리에게서 배우는 전략적 질문을 예로 들어보자. 학교 동아리 회장이 되어 조직 관리와 리더십을 고민하는 아이가 있다. 대다수 아이는 이런 평범한 질문을 던질 것이다.

"좋은 리더가 되려면 어떻게 해야 해?"

AI는 팀원과 소통하고 경청하며 솔선수범하라는 식의 도덕 교과서 같은 원론을 늘어놓기 쉽다. 틀린 말은 아니지만, 현실에서 당장 쓸 수 있는 통찰은 부족한 답변이 된다. 반면 고전을 읽어본 아이는 질문의 방향부터 다르게 잡을 수 있다.

"동아리 기강이 너무 해이해졌는데, 마키아벨리의 『군주론』 관점에서 팀원들에게 사랑받는 것과 두려움을 주는 것 중 무엇이 더 효과적인지 사례를 들어 설명해줘"

AI는 태도를 바꿔 마키아벨리의 현실주의적 관점을 즉각 불러오고, 단순히 착한 말을 늘어놓는 대신 상황에 맞는 리더십 전략을 제시할 것이다. 질문의 수준이 답변의 밀도를 바꾸는 것이다.

독일의 대문호 괴테에게서도 본질적인 질문법을 배울 수 있다. 괴테는 평생 자연의 섭리와 인간의 본질을 현미경처럼 관찰하고 기록했다. "꽃이 피는 과정을 설명해줘"라는 질문을 던지면 AI는 엽록소나 광합성 같은 건조한 생물학 지식을 나열할 가능성이 높지만 다음과 같이 요청한다고 가정해보자.

"괴테가 말한 '식물의 변태' 원리를 활용해, 내 성격이 주변 환경에 따라 어떻게 변화하고 성장할 수 있는지 비유해줘."

AI는 이를 바탕으로 한 사람의 인격 형성을 꽃의 개화 과정에 빗대어, 인문학적 통찰이 담긴 답변을 생성해낼 것이다. 비유하자면, 고전을 읽은 아이는 AI라는 거대한 우주 도서관에서 지금 내 상황에 꼭 맞는 책을 꺼내올 줄 아는 유능한 사서와 같다. 남들이 단순한 정보 검색에 머물 때, 이들은 고전에서 배운 비유와 상징, 역설이라는 사유의 도구를 자유자재로 사용해 AI의 잠재력을 끝까지 끌어낸다. 고전은 AI 시대를 살아가는 아이들에게 가장 강력한 언어이자, 사고를 깊게 만드는 도구가 되어줄 것이다.

어휘의 한계가 곧 세계의 한계다

철학자 비트겐슈타인은 "내 언어의 한계가 곧 내 세계의 한계다."라는 문장을 남겼다. 과거에는 다소 추상적인 철학 명제로 읽히던 이 말이, AI 시대에는 놀랄 만큼 현실적인 의미로 다가온다. 거대 언어 모델인 AI는 사용자가 어떤 단어와 관점을 사용하는지에 따라 답변의 깊이가 크게 달라지는 경향이 있기 때문이다.

머릿속에 부조리, 소외, 형이상학, 카타르시스 같은 고차원적 인문학 어휘가 부족한 아이는 AI에게 깊이 있는 개념을 묻기 어렵다. 단어를 모르면 질문의 문 자체를 열 수 없기 때문이다. 예컨대 오늘 기분이 울적하다고 뭉뚱그려 표현하는 아이와, 하이데거의 실존적 허무를 끌어와 더 정교하게 묻는 아이가 얻는 답변의 질은 처음부터 다르게 나올 것이다. 전자는 일상적인 위로에 머물 가능성이 크지만, 후자는 존재의 본질을 건드리는 통찰을 얻을 수 있다.

따라서 우리 아이들에게 지금 시급한 것은 코딩 교육 못지않게 어휘와 사고의 기반이 되는 독서 교육이다. 풍부하고 정밀한 어휘는 AI라는 요술 램프를 깨우는 가장 강력한 주문이 된다. 우리가 외치는 주문이 구체적이고 정교할수록 AI는 더 넓고 깊은 지혜의 세계를 펼쳐 보인다. 언어는 사고를 담는 그릇이며, 그 그릇의 크기가 곧 아이가 다룰 수 있는 AI의 크기가 된다.

기술을 배우기 전에 사람을 배워라

아이가 미래에 AI를 자유자재로 다루기를 진심으로 원한다면, 최신 기기의 사용법이나 코딩 기술보다 먼저 복잡미묘한 사람의 마음을 읽는 법을 가르쳐야 한다. 역사 속 인물들이 절체절명의 순간에 왜 고독한 선택을 내렸는지 이해하고, 소설 속 주인공의 괴로움에 깊이 공감하는 능력은 앞으로 더 중요한 기본기가 되어야 한다. 이러한 인문학적 감수성은 기계적인 AI에게 남들은 던지지 못하는 예리한 질문을 만들어내는 핵심 바탕이 될 것이다.

프롬프트라는 단어의 어원은 무언가를 자극하거나 불러일으킨다는 의미를 담고 있다. 거대한 데이터의 바다 속에서 잠자고 있는 AI의 지성을 흔들어 깨워 세상 밖으로 끌어내는 힘은 차가운 기술적 명령어에서 나오지 않는다. 인간과 삶에 대한 뜨거운 호기심에서 나온다. 대상에 대한 깊은 이해가 선행될 때, 비로소 AI의 잠재력을 폭발시키는 결정적인 질문을 찾아낼 수 있다.

먼지 쌓인 오래된 고전 속에 가장 미래지향적이고 강력한 도구가 숨어 있다는 사실을 기억해야 한다. 고전은 인간 본성에 대한 오랜 관찰의 기록이며, 그 속에서 다져진 사고력은 AI라는 도구를 다루는 가장 단단한 기반이 된다. 기술의 숙련도를 높이기 전에 사람에 대한 탐구를 시작할 때, 아이는 비로소 AI 시대의 진정한 리더로 성장하게 될 것이다.

파편화된 정보를 엮어
인사이트로 만드는 편집력

"구슬이 서 말이라도 꿰어야 보배"라는 속담은 최첨단 기술이 적용된 AI 시대를 관통하는 절묘한 문장이다. 지금 아이들의 눈앞에는 AI와 인터넷이 쉴 새 없이 토해낸 정보의 파편이 거대한 산처럼 쌓여 있다. 이제 생존의 화두는 단순한 정보 축적이 아니라, 이 파편들을 어떻게 가공하고 어떤 가치로 엮어낼 수 있는가에 있다.

검색창에 키워드 하나만 넣어도 AI는 전 세계 논문과 뉴스, 통계 자료를 순식간에 정리해 제시해 준다. 정보가 부족했던 시대에는 남들보다 더 많이 모으는 사람이 인재 대접을 받았지만, 지금은 상황이 완전히 달라졌다. 정보는 공기처럼 널려 있으며, 오히려 너무 많아서 무엇이 중요한지 가려내기 어려운 정보 과잉이 더 큰 문제로 떠오르기 시작했다.

미래의 핵심 능력은 바닥에 흩어진 수만 개의 파편 중 가치 있는 것만 골라내어, 맥락이라는 실로 꿰어내는 힘이다. 자신만의 독창적인 목걸이를 완성해 내는 과정이야말로 실질적인 경쟁력이 된다. 정보의 파편을 연결해 하나의 통찰로 바꾸는 편집의 과정에서 인간만의 고유한 가치가 발생한다.

이것이 내가 강조하고 싶은 편집력의 본질이다. 편집력은 단순히 오타를 잡거나 문장을 매끄럽게 다듬는 교열 수준을 의미하지 않는다. 무질서하게 떠다니는 정보의 우주 속에서 숨겨진 의미를 발견하고, 그것을 재구성해 새로운 가치를 만들어내는 고도의 기획 능력이다. 파편화된 정보를 엮어 인사이트로 만드는 편집력은 AI가 쉽게 대체하기 어려운 인간 고유의 강점으로 남을 가능성이 크다.

AI는 텍스트를 읽고, 인간은 맥락을 읽는다

AI는 주어진 텍스트를 분석하고 요약하는 데 있어 타의 추종을 불허한다. 예컨대 "이순신 장군의 명량해전 업적을 세 줄로 요약하라"는 명령을 받으면, AI는 수백 페이지에 달하는 자료를 순식간에 정리해 군더더기 없는 요약을 내놓는다. 그러나 AI의 치명적인 약점은, 겉으로 드러난 문장 뒤에 숨어 있는 깊은 맥락과 인간적 의미까지는 끝내 읽어내지 못한다는 점이다.

AI의 분석은 대체로 건조한 사실과 수치, 그리고 결과값의 정리에 머문다. 조선 수군 12척이 일본 수군 133척을 물리친 승리 요인을 조류의 활용과 전술적 우위로 설명하는 방식이다. 물론 틀린 말은 아니다. 하지만 이 설명에는 당시의 시대적 비극과, 그 상황 속에서 한 인간이 버텨야 했던 심리적 극한 상황이 빠져 있다.

반면 인간의 맥락 읽기는 데이터 이면의 진실을 포착한다. 명량 해전 직전의 이순신은 자신이 충성을 바쳤던 왕에게 버림받았고, 모진 고문까지 겪으며 몸과 마음이 모두 부서진 상태였다. 그가 올린 장계는 단순한 보고서가 아니라, 죽음을 각오한 절박한 희망이자 피의 맹세였다. 그리고 바로 그 비장함이 병사들의 사기를 다시 세우고, 불가능해 보이던 전투를 가능하게 만들었다고 해석할 수 있다.

AI는 12대 133이라는 수치적 확률에 집중하지만, 인간은 그 숫자 뒤에 흐르는 한 사람의 고독과 절박함, 그리고 리더십의 본질을 읽어낸다. 이것이 기계가 흉내 낼 수 없는 진짜 인사이트다. 앞으로 아이들에게 가르쳐야 할 핵심 역량은 겉으로 드러난 팩트를 암기하는 능력이 아니라, 팩트와 팩트 사이에 숨어 있는 보이지 않는 행간을 읽어내는 힘이다.

큐레이터가 되어 선택하는 힘을 길러야 한다

박물관의 거대한 지하 수장고에는 세상의 빛을 보지 못한 수십만 점의 유물이 잠들어 있다. 그러나 관람객에게 실제로 공개되는 것은 그중 1퍼센트도 채 되지 않는다. 큐레이터가 전시 주제에 가장 정확히 부합하는 유물만 엄선해 배치하기 때문이다. 가치 있는 것을 드러내기 위해 나머지를 과감히 덜어냈기에 전시는 더 빛난다.

AI 시대를 살아갈 아이들은 이제 단순한 지식 소비자가 아니라 지식의 큐레이터가 되어야 한다. AI에게 질문을 던지면 인간이 한 번에 소화하기 어려운 수천 줄의 답변이 폭포수처럼 쏟아진다. 단순 사용자는 이 양에 압도되어, 그대로 복사해 붙여넣는 방식으로 문제를 해결하려 한다. 그러나 이것은 지식을 습득하는 것이 아니라, 정보를 쌓아두기만 하고 소화하지 못하는 상태에 가깝다. 반면 고수는 불필요한 90퍼센트를 과감히 버린다. 자신의 주제를 관통하는 핵심 문장 몇 개만 선택한 뒤, 거기에 자신의 생각을 덧붙여 새롭게 재배치한다. 바로 이 선택과 재구성의 과정이 진짜 실력이다.

아이와 함께 정보의 주인이 되는 편집 훈련을 시작해보아야 한다. '뉴스 브리핑' 같은 활동을 통해, 정보를 받아먹는 습관이 아니라 정보를 스스로 다루고 요리하는 감각을 익힐 수 있다.

수집 단계: AI에게 "이번 주 전 세계에서 가장 화제가 된 과학 뉴스 5가지를 찾아 요약해줘"라고 요청한다.

선택 단계: 제시된 뉴스 중 아이의 학교생활이나 가족의 실생활에 큰 영향을 미칠 것 같은 뉴스 하나를 아이가 직접 고르게 한다.

연결 단계: 그 뉴스가 아이가 좋아하는 게임이나 평소 관심사와 어떤 관련이 있을지, 억지로라도 연결해보는 질문을 던진다.

이 과정을 반복하면 아이는 AI가 제공한 정보를 자신만의 관점으로 소화하게 된다. 정보에 끌려다니는 수동적인 소비자에서 벗어나, 정보를 선택하고 재구성하는 능동적인 주인이 되어간다.

"그래서 어쩌라고?"는 통찰을 끌어내는 마법의 질문이다

수집하고 선별한 파편화된 정보를 단순한 지식이 아니라 살아 있는 인사이트로 바꾸는 가장 강력한 도구는, "그래서 그게 결국 무슨 의미냐"라고 묻는 질문이다. 정보와 정보 사이에 숨은 의미는 다소 삐딱해 보이는 이 질문을 던질 때에만 비로소 모습을 드러낸다.

AI가 "대한민국 합계출산율이 역대 최저 수준인 0.7명 이하로 떨어졌다"라는 팩트를 제시한다면, 인간의 편집과 통찰은 그 너머를 바라본다. 인구가 줄어든다는 사실에서 노동력 부족을 예측하고, 사람의 가치가 높아질 미래를 상상하는 식이다. 사람이 귀해지면 몸값이 오를 가능성이 크다. 그렇다면 사람을 전문적으로 관리하는 인사 분야가 중요해질 수도 있고, 부족한 노동력을 대신할 AI 로봇을 설계하고 운영하며 관리하는 직업이 유망해질 수도 있다. 단순한 숫자가 삶의 방향을 바꾸는 통찰로 전환되는 순간이다.

AI는 현재의 현상을 친절하게 브리핑해주지만, 그 현상이 10년 뒤 내 삶에 어떤 영향을 미칠지까지는 먼저 말해주지 않는다. 국가적 출산율 저하라는 거시적 데이터와 나의 개인적 진로라는 서로 다른 차원의 정보를, 보이지 않는 끈으로 연결하는 힘이 핵심이다. 이 연결 고리를 찾아내는 과정이야말로 우리가 길러야 할 편집력의 정수다.

부모는 아이가 학교나 뉴스에서 새로운 정보를 접할 때마다 자연스럽게 묻는 습관을 들여야 한다. "정말 놀라운 사실이다"라고 공감한 뒤, "그게 너에게는 어떤 의미가 있니?"라고 질문하는 태도가 필요하다. 이 짧은 질문 하나가 아이의 뇌를 단순히 정보를 쌓아두는 저장 장치에서, 정보를 가공하고 판단하는 사고의 장치로 한 단계 끌어올릴 것이다. 아이가 단순한 정보 수집가로 남을지, 정보의 가치를 창조하는 기획자가 될지는 이러한 예리한 질문을 얼마나 자주 접하느냐에 따라 달라진다.

편집하는 사람은 영향력을 갖게 된다

영화감독은 한 편의 영화를 완성하기 위해 수백 시간 분량의 원본 영상을 촬영한다. 정작 극장 스크린에 걸리는 최종 결과물은 군더더기를 과감하게 쳐낸 두 시간짜리 압축된 편집본이다. 관객은 지루한 원본 대신 감독의 의도대로 정교하게 다듬어진 두 시간을 보며 울고 웃는다. 무엇을 보여주고 무엇을 감출지 결정하는 편집자가 관객의 시간과 마음을 지배하는 실질적인 힘을 갖게 되는 것이다.

미래 사회도 이와 같은 논리로 작동할 것이다. 단순한 지식과 정보는 누구나 가질 수 있는 흔한 공공재가 될 것이고 널려 있는 정보들을 엮어 매력적인 나만의 이야기로 편집해 내는 사람만이 타인을 설득하고 감동을 주며 조직을 이끌 수 있을 것이다. 정보의 소유보다 정보의 가공과 배치가 리더십의 핵심이 되는 시대로 바뀌고 있다.

아이들에게 확신을 가지고 일러주어야 한다. AI는 자료를 빠르게 찾아주는 훌륭한 조사원일 뿐이라는 사실을 명확히 인지시켜야 한다. 수많은 자료를 어떻게 배치해 멋진 보고서를 완성할지 결정하는 최종 책임자이자는 바로 자신이라는 점을 강조해야 한다.

바닥에 흩어진 수많은 구슬을 꿰어 세상에 하나뿐인 보배로 만들어내는 기획력은 인간만의 고유한 영역이다. 편집하는 손끝의 감각과 전체를 조망하는 안목은 그 어떤 뛰어난 AI도 대체할 수 없는 인간의 존엄함을 증명한다. 아이가 정보의 파도에 휩쓸리지 않고 자신만의 항로를 편집해 나갈 때, 비로소 미래의 주인공으로 우뚝 설 수 있다.

AI와 함께 가되,
결코 주도권을 놓지 않는 태도

역사 속 현명한 왕 곁에는 언제나 뛰어난 참모들이 존재했다. 그들은 전문성과 논리를 바탕으로 전쟁을 주장하거나 화친을 권하는 등 다양한 전략을 제시했다. 참모들이 아무리 화려한 언변으로 조언을 쏟아내더라도, 최종 결단은 언제나 고독한 왕의 몫이었다. 그 결정이 가져올 처참한 실패든 영광스러운 승리든, 모든 역사적 책임 역시 오롯이 왕의 몫으로 남았다.

AI는 21세기에 우리가 가질 수 있는 매우 유능한 디지털 참모다. 성적과 시장 데이터를 분석해 특정 대학에 진학했을 때의 취업률이나 적성 만족도 같은 시나리오를 브리핑해 주지만, 딱 거기까지다. AI는 우리의 인생 행로를 대신 결정해 명령을 내리지도 않고, 결코 그럴 권한도 없다. 데이터가 보여주는 확률과 실제 삶을 선택하는 결단 사이에는 인간만이 채울 수 있는 가치 판단의 영역이 존재한다. 아이들에게 이러한 위계질서를 분명히 가르쳐야 한다. AI는 인생이라는 기업을 보좌하는 유능한 비서에 불과하다는 사실이다. 비서가 준비한 보고서를 꼼꼼히 검토하고, 최종적으로 결재 도장을 찍는 주체는 사장인 아이 자신이다. 도구의 성능이 뛰어날수록 사용자의 주체적인 의사결정 능력은 더욱 강조되어야 한다.

비서의 보고서가 아무리 화려해도 결정권을 가진 사장의 판단력이 무능하면 회사는 위태로워진다. 또한 귀찮다는 이유로 모든 결정을 비서에게 떠넘기는 사장 역시 그 자리에 있을 자격이 없다. AI의 답변을 무비판적으로 수용하지 않고, 자신의 가치관에 비추어 당당하게 거부권을 행사할 줄 아는 태도가 중요하다. 때로는 단호한 거부권이야말로 아이가 자기 인생의 진정한 주인임을 증명하는 가장 분명한 증거가 된다.

책임은 기계가 질 수 없다

최후의 판단을 인간이 독점해야 하는 이유는 단순하면서도 서늘하다. AI는 책임이라는 개념을 실제로 짊어질 수 없는 존재이기 때문이다. 책임이란 단순히 오류를 수정하는 행위를 넘어 결과에 따른 고통과 손실을 온전히 감내하는 것을 의미한다. 기계에게는 감당해야 할 삶이나 고통이 존재하지 않는다.

AI가 추천한 종목에 투자했다가 큰 손실을 보았을 때 AI를 상대로 소송을 걸 수는 없다. AI가 골라준 전공을 선택했다가 적성에 맞지 않아 청춘을 허비하더라도 그 선택의 시간을 대신 보상해 주지 않는다. 데이터 뒤로 숨어버리는 알고리즘과 달리 모든 선택의 결과로 날아오는 청구서는 오롯이 인간인 나에게 도착한다.

세상의 이치는 냉정하다. 책임을 질 수 있는 존재만이 권한을 가질 자격이 있다. 책임을 지지 않는 자의 말은 참고 사항일 뿐 결코 최종명령이 되어서는 안 된다. 아이들에게 이 엄중한 진실을 명확히 일러주어야 한다. AI의 제안을 따르다 실패했다면 정보를 잘못 준 AI의 실수가 아니라 그 정보를 맹신하고 최종 결정을 한 자신의 판단에 책임이 있다는 점을 자각시켜야 한다.

냉정한 자각은 아이를 진짜 어른으로 성장시키는 발판이 될 것이다. 결과가 좋지 않을 때 타인이나 기계를 탓하며 도망치지 않고 자신의 선택이 가진 무게를 온몸으로 감당하려는 태도가 필요하다. 이러한 실존적 용기는 계산과 예측만으로는 흉내 내기 어려운 인간만이 가질 수 있는 마지막 품격이다. 자신의 선택에 책임을 지는 연습을 통해서만 아이는 AI라는 도구의 주인이 될 수 있다.

데이터 너머의 직관인 인간의 한 수

AI의 판단은 철저히 데이터에 기반한다. 입력된 수억 개의 정보를 분석해 과거의 평균값을 계산하고, 통계적으로 가장 안전한 확률적 정답을 제시한다. 이 방식은 효율적이지만, 인류 역사를 통틀어 세상을 뒤집은 위대한 결정들은 오히려 데이터와 확률을 정면으로 거스르는 인간의 직관에서 비롯된 경우가 많다.

스티브 잡스가 시장 조사 데이터만 신봉했다면 아이폰은 세상에 나오지 못했을 것이다. 당시의 데이터는 사람들이 물리적 키보드가 있는 휴대전화를 더 선호한다고 말하고 있었다. 데이터의 지시를 그대로 따랐다면 혁신은 불가능했을 것이다. 이순신 장군이 아군과 적군의 전력 데이터에만 의존했다면 명량의 기적 또한 일어나지 않았을 터이다. 12대 133이라는 수치는 계산기라면 즉시 항복이나 도주라는 답을 내놓았을 절망적인 조건이었다. 그러나 장군은 데이터가 가리키는 패배의 확률을 넘어선 자리에서 '필사즉생'이라는 직관으로 불가능을 가능으로 바꾸었다.

데이터는 언제나 위험을 경고하며 안전한 길을 안내한다. 바로 그 순간 인간은 위험을 감수하고 한걸음 더 가보겠다는 결단을 내린다. 무모하고 비합리적으로 보이는 인간만의 한 수가 혁신을 만들고 역사의 흐름을 바꾼다. 아이들에게 가르쳐야 할 핵심도 여기에 있다. AI가 수만 건의 데이터를 근거로 부정적인 결론을 내리더라도, 자신의 가슴이 뛰고 직관이 확신을 준다면 스스로를 믿고 한 걸음 나아가야 한다는 사실이다.

물론 직관에 따른 선택은 AI의 예측대로 실패로 끝날 수도 있다. 그러나 기계와 달리 인간에게 실패는 끝이 아니라 성장의 자양분이 된다. 아픈 실패조차 자신만의 고유한 경험 데이터가 되어 더 큰 사람으로 성장시키기 때문이다. AI가 정해준 99퍼센트의 안전한 길로만 다니는 사람은, 확률 1퍼센트의 덤불을 헤치고 새로운 길을 만드는 개척자가 될 수 없을 것이다. 그러므로 아이가 자신의 내면 목소리에 귀를 기울이고 결단할 수 있는 용기를 갖도록, 부모는 그 선택을 지지하고 끝까지 북돋워 주어야 한다.

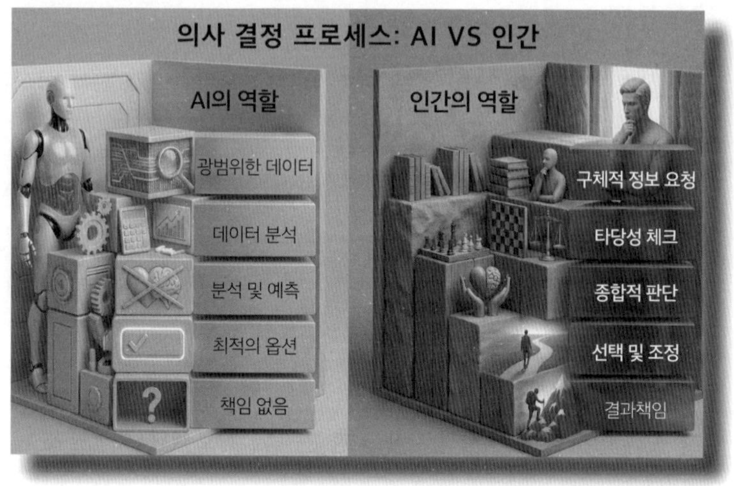

너는 네 인생의 파일럿이다

현대 항공기의 기술은 완벽에 가깝다. 오토파일럿 기능 덕분에 비행 시간의 대부분을 컴퓨터가 조종함에도 불구하고, 조종석에는 여전히 인간 기장이 자리를 지키고 있다. 기계가 대체할 수 없는 결정의 순간이 존재하기 때문이다. 특히 이착륙이나 예기치 못한 난기류를 만났을 때는 기장의 판단이 절대적이다. 위기의 순간 기장은 오토파일럿을 끄고 자신의 손으로 조종간을 직접 붙잡는다.

AI는 우리 인생의 가장 강력한 오토파일럿이다. 지루한 데이터 분석이나 반복적인 정보 검색, 단순한 요약 정리 같은 '순항 구간' 은 과감하게 AI에게 맡기는 것이 효율적이다. 도구의 편리함을 적 극적으로 활용하여 에너지를 아끼는 지혜가 필요하다. 그러나 인 생의 방향을 완전히 틀어야 하는 결정적 순간이나, 실패와 시련이 라는 난기류를 만나 삶의 기체가 흔들리는 위기 상황에서는 반드 시 수동 조종으로 전환해야 한다. 기계는 입력된 경로를 따라 가장 안전한 길로만 움직이려 하지만, 인간은 폭풍우를 뚫고서라도 가 야 할 새로운 항로를 개척할 수 있다. 항로를 바꾸고 위기를 돌파하 는 힘은 결국 인간의 판단과 의지에서 나온다.

아이의 손에 기기를 쥐어주며 분명하게 당부해야 한다. 기계는 비행을 돕는 훌륭한 부기장일 뿐이며, 비행기의 진짜 기장은 아이 자신이라는 사실을 명확히 인지시켜야 한다. 오토파일럿의 편안함 에 취해 자신의 운명을 기계에 맡기고 눈을 감아서는 안 된다. 조 종간을 절대 놓지 말라는 단호한 교육이 필요하다. 기술이 아무리 발전해도 주도권의 위계는 변하지 않는다. 오직 주도권을 꽉 쥔 아 이만이 거센 기술의 파도에 휩쓸려 표류하지 않고, 자신이 원하는 목적지에 정확하게 깃발을 꽂을 수 있다. 스스로 운전대를 잡고 비 행하는 감각을 익히는 것이 AI 시대를 살아가는 가장 본질적인 생 존법이기 때문이다.

AI 사교육 시대, 격차가 벌어지는 진짜 이유

AI를 부리는아이들

초판 1쇄 발행 2026년 3월 23일

원저자   김선형
발행인   박용범
펴낸곳   리프레시

출판등록 제 2015-000024호 (2015년 11월 19일)
주소   경기 의정부시 평화로 471, 418호
전화   031-876-9574
팩스   031-879-9574
이메일   mydtp@naver.com

편집책임 박용범
디자인   리프레시 디자인팀
마케팅   JH커뮤니케이션

ISBN 979-11-995317-7-2 (13370)